Béla Guttmann

Béla Guttmann com o uniforme do Hakoah de Viena

Detlev Claussen

Béla Guttmann
Uma lenda do futebol do século XX

Tradução
Daniel Martineschen e
Alexandre Fernandez Vaz

Estação Liberdade

Título original: *Béla Guttmann — Weltgeschichte des Fussballs in einer Person*
© Berenberg Verlag, Berlim, 2006
© Editora Estação Liberdade, 2014, para a presente edição

Revisão	Vivian Miwa Matsushita
Capa	Miguel Simon
Editor assistente	Fábio Fujita
Assistente editorial	Augusto Rodrigues
Editores	Angel Bojadsen e Edilberto F. Verza

CIP-BRASIL. CATALOGAÇÃO NA PUBLICAÇÃO
SINDICATO NACIONAL DOS EDITORES DE LIVROS, RJ

C554b

    Claussen, Detlev, 1948-
        Béla Guttmann : uma lenda do futebol do século XX / Detlev Claussen ; tradução Daniel Martineschen ; Alexandre Fernandez Vaz. - 1. ed. - São Paulo : Estação Liberdade, 2014.
        176 p. : il. ; 23 cm.

    Tradução de: Béla Guttmann: Weltgeschichte des Fussballs in einer Person
    ISBN 978-85-7448-240-8

    1. Guttmann, Béla, 1899-1981. 2. Jogadores - Hungria - Biografia. I. Título.

14-12284   CDD: 927.96334
                  CDU: 929:796.332

19/05/2014   23/05/2014

Todos os direitos reservados à Editora Estação Liberdade. Nenhuma parte da obra pode ser reproduzida, adaptada, multiplicada ou divulgada de nenhuma forma (em particular por meios de reprografia ou processos digitais) sem autorização expressa da editora, e em virtude da legislação em vigor.

Esta publicação segue as normas do Acordo Ortográfico da Língua Portuguesa, Decreto nº 6.583, de 29 de setembro de 2008.

Editora Estação Liberdade Ltda.
Rua Dona Elisa, 116 | 01155-030 | São Paulo-SP
Tel.: (11) 3661 2881 | Fax: (11) 3825 4239
www.estacaoliberdade.com.br

Sumário

9
Prefácio

17
Não perder a cabeça

31
Uma mistura profissional

49
O dólar como moeda do futebol

67
... e mais uma vez Puskás

91
Como desaparece o fardo de ser estrangeiro

109
O deslocamento continental lusitano

141
A estrela da lembrança esmorece...

157
Prorrogação

167
Post-script do autor

169
Cronologia

Prefácio

Lacrados sob uma imponente lápide de mármore vermelho jazem os restos mortais de Béla Guttmann, na ala judaica do Cemitério Central de Viena. Apenas as datas de nascimento e morte — 27 de janeiro de 1899 e 28 de agosto de 1981 — estão registradas sobre a pedra. Uma discreta inscrição em hebraico revela seu prenome judeu, Baruch. Não se encontra nenhuma indicação de sua esposa, Marianne, que o acompanhou ao redor do mundo. Não tiveram filhos. Depois da morte da esposa, em 1997, o espólio de Guttmann vagou por antiquários de Viena, até chegar em 2001 a Kassel, na Alemanha, adquirido por um leiloeiro especializado em esportes. Antes que as peças se dispersassem pelo mundo, surgiu um catálogo com uma tentativa biográfica, *Die Trainerlegende — Auf den Spuren Béla Guttmanns* [*O legendário treinador — Nos rastros de Béla Guttmann*], assinado por R. Keifu, pseudônimo sob o qual se ocultou o renomado historiador do esporte e expert em futebol Hardy Grüne. Guttmann permanece sendo até hoje uma figura cercada de lendas e mistérios. Ainda em vida, no topo de sua carreira de treinador de clubes, viu surgir *Béla Guttmann Story*, escrito pelo pedagogo do futebol e depois professor escolar Jenö Csaknády. O livro promete, em seu subtítulo, uma história "dos bastidores do mundo do futebol". De fato, em 1964, quando o texto foi publicado, mal se podia desconfiar dos acontecimentos mundiais que fariam um Guttmann circular pelo globo.

*

Mas quem pensa em futebol ao visitar um cemitério? Em um cemitério judeu se tenta, antes de tudo, ler os números e combiná-los com os lugares onde cada pessoa nasceu e morreu. Budapeste não aparece naquela pedra em Viena. Depois da *Béla Guttmann Story* espera-se ainda uma história judaica da k.u.k.[1] que, a se considerar as contribuições do biógrafo Csaknády e do biografado Guttmann, não cabia em um livro alemão sobre futebol publicado em meados dos anos 1960. Pois por baixo das histórias de judeus da Europa Central sempre fica à espreita o passado nacional-socialista e suas consequências: emigração, fuga e morte violenta. O irmão de Béla Guttmann, que jogava futebol com ele durante a Primeira Guerra Mundial, morreu em 1945 em um campo de concentração alemão. Sobre a sobrevivência de Guttmann durante o período nazista as fontes não são, no entanto, muito eloquentes. História do futebol também não é somente algo secundário e bonito, mas sim parte da história mundial, que não pôde deixar de ser afetada por esse esporte. A história de Béla Guttmann só pode ser narrada quando se tem a história do século XX em vista e quando se está pronto para revisitar, mesmo que brevemente, a história mundial do futebol.

*

No futebol conta o aqui e o agora, o momento jogado, que por sua vez é relativizado pela conhecida sabedoria futebolística: "O jogo dura noventa minutos." No cemitério o jogo já terminou, não há prorrogação. O túmulo também sepulta embaixo de si incontáveis histórias de futebol, lendas e mitos. Dificilmente será verdade, portanto, o que os torcedores do Benfica — equipe em que Guttmann alcançou seu maior êxito como treinador no início dos anos 1960 — gostam de contar ainda hoje em Lisboa: alguns deles, antes da final da Liga dos Campeões da Uefa, a antiga Taça dos Campeões Europeus, contra o Milan em 1990, teriam ido ao cemitério de Viena e de lá teriam trazido um naco de grama do túmulo de Guttmann, para quebrar a maré de derrotas nas finais europeias. Mas isso não podia dar certo, pois um pedaço de terra plantada não poderia ter

---

1. Kaiser- und Königreich: abreviação do Império Austro-Húngaro. [N.T.]

soltado esse túmulo em pedra, e não se deveria esperar nem mesmo sabedorias futebolísticas dela. Triunfos como o bicampeonato europeu de 1961/62 com o time *outsider* do Benfica ninguém nunca mais conseguiu.

Em 2 de maio de 1962, no estádio Olímpico de Amsterdã, o Benfica acabou com a era Real Madrid naquele que foi um jogo daqueles que se veem a cada cem anos. Com estrelas mundiais do quilate de Alfredo Di Stéfano e Ferenc Puskás, o Real vencera nos anos 1950 cinco finais da Liga dos Campeões da Europa (entre elas a de 1960 em Glasgow contra o Eintracht Frankfurt, por um placar de 7 a 3). O Benfica, por sua vez, venceu o Real por 5 a 3. Depois do interregno europeu de dois anos do Benfica, um outro futebol se consolidou. Começava a soberania das equipes milanesas — a Internazionale, do grande Sandro Mazzola, e o Milan, sob a batuta do sensível esteta do futebol Gianni Rivera. O nome de Helenio Herrera se inscreve como o de outro treinador de destaque nos anais do futebol europeu: seu jogo defensivo triunfava e o esquema retranqueiro conhecido como *Catenaccio* tornou-se um conceito assustador. Guttmann, por outro lado, no início daquela década tinha desenvolvido com seus *outsiders* lisboetas um estilo ofensivo arrebatador, com o qual o Benfica, um ano antes da partida dos sonhos em Amsterdã contra o Real, já havia surpreendido em Berna o então favorito absoluto Barcelona. Os até então desconhecidos portugueses derrubaram estrelas como Suarez, Kocsis e Kubala por 3 a 2. O mundo do futebol estava de cabeça para baixo.

*

O futebol do Benfica parecia então ser de outro mundo. Mas ele não veio de tão longe assim: em 1958 o Brasil tinha vencido pela primeira vez uma Copa do Mundo, na Suécia, com um sistema ofensivo, 4-2-4, varrendo na final os donos da casa por 5 a 2. Foi a estreia internacional de uma jovem estrela que atendia pelo nome de

Pelé. Mas de onde os brasileiros tinham tirado isso? Depois do fracasso na Copa de 1950, disputada em casa, e na de 1954, na Suíça — quando levaram uma verdadeira surra futebolística da Hungria —, multiplicaram-se pelo Brasil as críticas sobre o futebol que vinha sendo praticado pela seleção. O Brasil se mostrou aberto a *know-how* estrangeiro, e havia até mesmo a disposição de dar mais chances ao enorme potencial dos jogadores negros.

Nessa época, pouco antes da Copa, Béla Guttmann tinha vencido o Campeonato Paulista com o São Paulo Futebol Clube, batendo o então time brasileiro do futuro, o Santos, onde já atuava sua ainda pouco conhecida joia, o jovem Pelé. Essa não era a primeira estadia de Guttmann no continente latino-americano: como jogador, já tinha participado de extensas turnês pela América do Sul. No outono de 1956 ofereceu-se a ele uma chance única quando a melhor equipe da Hungria e uma das melhores de toda a Europa — o Honvéd Budapest — permaneceu no Ocidente depois da derrota do levante húngaro diante dos soviéticos. Guttmann era o mediador ideal para aqueles futebolistas húngaros que, de repente, se viram no mundo capitalista, tanto porque conhecia profundamente o futebol húngaro quanto porque já fazia alguns anos que circulava pelos negócios do futebol em âmbito internacional. Ele se tornou o "diretor técnico" da equipe húngara no exílio e organizou a sua vitoriosa turnê pela América Latina. Guttmann tinha feito parte do núcleo duro de treinadores que, depois da Segunda Guerra Mundial, tinham levado a escola húngara de futebol, na teoria e na prática, a níveis nunca antes imaginados. Com tal experiência prévia e com a demonstração prática dos jogadores do Honvéd, ele ganhou os brasileiros com um novo estilo que, nas palavras de Ferenc Puskás, cérebro do Honvéd e testemunha qualificada, fez emergir o sistema 4-2-4.

*

Béla Guttmann pode ser considerado um dos grandes treinadores do século XX. Deve-se observar, no entanto, que a profissão

Acima: Béla Guttmann com a bola contra um time norte-americano, 1926. Abaixo: Hakoah de Viena em turnê pelos Estados Unidos, 1926

de treinador de futebol ainda estava, na sua época, por se estabelecer. Até mesmo Stanley Matthews, quintessência do futebol de dribles entre os profissionais ingleses, mostrou-se muito cético no início dos anos 1950 com relação ao treinamento sistemático no esporte. Ele estava firmemente convencido de que o jogo se aprendia na rua e de que profissionais estabelecidos já sabiam como um *match* se desenrola. Faz parte da ironia da história do futebol o fato de ele ter feito parte da seleção inglesa que, em 1953, foi destroçada em pleno estádio de Wembley pela maravilhosa seleção da Hungria, com o placar de 6 a 3. Meio ano depois, os húngaros ganharam a partida de volta em Budapeste, inclusive com uma goleada de 7 a 1. O crescimento do futebol na Europa continental a partir da década de 1920 não pode ser explicado sem o desenvolvimento do treinamento que, afinal, foi divulgado na Europa Central por pioneiros ingleses — profetas que não eram ouvidos na própria terra. Béla Guttmann viveu a experiência da mudança de estilo e de jogo desde o início de sua carreira. Ele aprendeu, com todos os obstáculos, a jogar futebol como uma profissão — uma precoce carreira profissional que começou em Viena nos anos 1920 e que o levou, já na época, a atravessar o Atlântico em direção à América do Norte e depois à América do Sul. Antes de obter seu primeiro posto como treinador em Viena, em 1933, ele já conhecia todo tipo de futebol que se jogava pelo globo.

*

Essa experiência fez dele um *expert*, reconhecimento que procurou durante toda a vida. Ele se considerava um "especialista em futebol" que dispunha de um conhecimento valioso. Também sabia aplicar esse conhecimento; essencial para tal transmissão era a autoridade de treinador, que sempre procurou afirmar de maneira intransigente. Quando sentia essa autoridade ameaçada, preferia se demitir, como aconteceu no auge da carreira, em 1962, ao se despedir do Benfica. Na superfície, tal atitude deveu-se a querelas com a direção do clube, que o tratava como um funcionário subalterno.

Mas seus princípios também impediram uma atividade mais longa em Lisboa: temia trabalhar mais de dois anos com equipes de sucesso, pois tinha reconhecido que o estrelato e a autossatisfação eram um veneno na relação entre treinador e jogadores. Permaneceu um terceiro ano em Lisboa somente para confirmar sua campanha exitosa na Liga Europeia, vencida no ano anterior. E conseguiu. Com essa rigorosa idiossincrasia de abandonar equipes vitoriosas, Béla Guttmann também trabalhava o seu próprio mito. O extraordinário triunfo pode ser preservado frente ao desgastante cotidiano do futebol, com seus altos e baixos. Mas cada despedida depois de uma grande vitória significava também uma pequena morte. Jamais se voltará ao lugar onde uma vez se esteve.

O que permanece de um grande jogo, de um grande jogador, de um grande treinador? No final, resta apenas um nome que logo cairá no esquecimento se a história ligada a ele não for narrada. Até mesmo o funcionário do cemitério em Viena, que sem dúvida se interessava por futebol, vinte anos depois da morte de Béla Guttmann pouco sabia sobre o defunto: *"A Fußballer woa dös!"* [Era algum jogador de futebol!]. E mais nada. Nos documentos do Cemitério Central não há registro do túmulo, mas o funcionário tinha uma ideia de onde ele podia ser encontrado: "Procure na ala judaica." De fato, lá está a impressionante lápide com o nome, mas não a recordação do futebol que tornou esse nome mundialmente conhecido.

Kocsis e Puskás, as estrelas do time do exílio do Honvéd de Budapeste, com Béla Guttmann em Milão

Não perder a cabeça

Eram vinte e três minutos do primeiro tempo da final da Liga dos Campeões da Europa, em 2 de maio de 1962 em Amsterdã, e a jovem equipe do Benfica dirigida por Béla Guttmann já perdia por 2 a 0 para o Real Madrid, apesar de estar jogando muito bem. É que o jogo não era controlado pela maravilhosa equipe dos anos 1950, cinco vezes seguidas campeã europeia, mas pelos impetuosos portugueses. A estrela do Real, Ferenc Puskás, não desperdiçara as duas oportunidades que tivera, marcando, com tremenda frieza, ambos os tentos e colocando o campeão espanhol à frente. Como poderia o *outsider* de Lisboa superar tal revés diante de um time como aquele? No meio-campo madrilenho havia o craque argentino Alfredo Di Stéfano, que com calma e competência organizava os contra-ataques; pelo flanco espreitava Gento, o ponteiro mais veloz do futebol mundial, capaz de, com a bola nos pés, deixar todo um time adversário para trás. O Benfica atacava incessantemente, disparando a gol de onde quer que fosse. Era a assinatura do treinador Béla Guttmann: ofensividade intrépida, dedicação incansável, ataque constante à meta adversária. Uma forma de jogo, um conceito que um treinador jamais poderia implementar a curto prazo para disputar uma partida qualquer, com um tal padrão tático que tampouco poderia ser implementado sem treino numa equipe na qual não se está jogando. Trata-se, na verdade, do acúmulo de experiência futebolística que um treinador pode transmitir ao time que vem formando há muito tempo. No Benfica, Guttmann permitiu-se tomar esse tempo, agindo contra seu próprio hábito de se demitir depois de no máximo dois anos.

Não era a primeira vez que uma equipe liderada por Guttmann chegava a uma final da Liga. Apenas um ano antes, na decisão do torneio contra o Barcelona em Berna, o Benfica também tinha saído atrás no placar. Porém, também naquela ocasião os seus "fedelhos" — como Guttmann chamava seus jogadores de maneira amorosa e patriarcal — não decepcionaram: colocaram os favoritos sob pressão e venceram o jogo por 3 a 2. O Barcelona era um dos poucos clubes europeus que podia ser comparado com o Real Madrid. O time catalão contava com um plantel estelar próprio e tinha provado ser um rival à altura do Real no Campeonato Espanhol. O Benfica em 1961, ao contrário, era um time de desconhecidos. O mais famoso de seus componentes era o treinador Béla Guttmann, que levava uma vida de *globetrotter* do futebol desde que tinha deixado a Hungria em 1949. Essas trocas constantes de uma equipe por outra sempre davam margem a comentários recheados de ceticismo. Afinal, não tinha alguém acabado de extrair o máximo de seus jogadores em tão pouco tempo simplesmente por meio de duros métodos de treinamento, para logo depois se afastar de tudo? Um treinamento implacável era o que construía a base atlética de seus êxitos. Isso Guttmann sabia por experiência própria como jogador. Em seu prefácio para *Béla Guttmann Story*, o então técnico da seleção alemã, Sepp Herberger, escreveu: "Arte de jogo, condição física e experiência competitiva são cartas na manga no nosso esporte!" Palavras pouco marcantes, já que parecem reiterar o óbvio. Em todo caso, a arte do jogo era dominada magistralmente pelos adversários do Benfica naquelas partidas finais, entre Barcelona e Real Madrid. Experiência de competição o Barcelona tinha de sobra, com sua linha de ataque húngara de nível mundial composta por Kubala, Kocsis e Czibor, colocada em cena pelas também estrelas do meio-campo, Evaristo e Suarez. Sobre o Real, basta mencionar os nomes Puskás e Di Stéfano. Os capitães das melhores equipes dos últimos quinze anos — Real Madrid, Honvéd Budapest e a seleção da Hungria — agora jogavam juntos, grandiosamente, na equipe do Rei e no Barcelona. Apenas o treinador do jovem time de *outsiders*, Béla Guttmann, apresentava-se em nível comparável, tanto como jogador quanto como técnico, pela experiência que detinha. Porém, ainda havia algo que o colocava à frente dos grandes profissionais no final dos anos 1950. Ele transformou a experiência que acumulou durante o desenvolvimento da sua própria carreira esportiva, nas décadas de 1920 e 1930, num saber futebolístico que podia transmitir e ensinar a jovens jogadores. Herberger assevera: "Na sua época, ele foi um jogador de categoria superior, formado e com experiência em métodos de treinamento precisos e objetivos, amadurecido e aperfeiçoado em incontáveis competições futebolísticas realizadas ao redor do mundo." Se observarmos novamente as imagens de ambas as finais europeias, fica evidente que a arte superior de jogar e a experiência em competição dos times cheios de estrelas foram neutralizadas; decisiva para os azarões, no fim das contas, foi a condição física que apenas se materializa quando a equipe mantém sua autoconfiança e, apesar de reveses, não perde a cabeça.

Em cada grande sucesso de um *outsider* — à parte explicações insuficientes como sorte e acaso — sempre se questiona o papel do treinador, e com isso, de forma subliminar, a sua atuação como cérebro da equipe. Existe algum segredo? Mídias e público têm na ponta da língua a palavra "mágico" para celebrar o trabalho de treinadores de sucesso. Mas o feitiço que pode ser lançado num jogo de futebol tem causas e consequências, e o sucesso tampouco pode ser atribuído exclusivamente a elas. Pode-se alcançar resultados positivos, mas não é necessário jogar bonito. No entanto, a fascinação associada a um treinador como Guttmann está no encontro entre beleza e êxito. Algo assim não acontece com frequência, e somente em momentos excepcionais como num "jogo do século" (como exageradamente se diz), sendo grande exemplo disso os 5 a 3 do Benfica sobre o Real. Só a decisão de ser ofensivo já requer coragem, pois defesa e sucesso estão estruturalmente mais próximos no futebol. Difícil é fazer gols; mais fácil é evitá-los — e é por isso que *outsiders* geralmente optam por jogar na defensiva. Mas quando os supostos mais fracos optam pela ofensividade, ganham não apenas o reconhecimento, mas também o coração dos amantes do futebol. Esse amor, no entanto, pode ser rapidamente perdido, transformando-se em decepção e ódio. O *outsider* deve ter coragem para assumir os riscos do jogo ofensivo. É preciso, para tanto, ter autonomia, e isso Béla Guttmann já tinha obtido como jogador.

O senhor idoso de chapéu e sobretudo, cuja equipe já perdia por 2 a 0 passado um quarto do jogo na final em Amsterdã, mantinha a cabeça no lugar. O Benfica seguia jogando no ataque. Dois anos antes, na final da Liga dos Campeões em Glasgow, o Eintrach Frankfurt também tinha trocado contra-ataques com o Real Madrid. O resultado é que três gols de Di Stéfano e quatro de Puskás decretaram um placar de 7 a 3 para os merengues. Na época também se falou em "jogo do século". Guttmann não teria aprendido nada, então? Teria ele desejado naufragar quando avançava de vento em popa? Evidentemente o treinador do Benfica sabia o que estava fazendo. Desde aquela batalha futebolística já haviam passado dois anos, no decurso dos quais ele formou seus "fedelhos". Basta observar o saldo de gols de sua equipe no segundo Campeonato Português vencido por eles: 92 tentos em 26 partidas! E isso não era acaso, mas sim uma constante: não apenas as equipes treinadas por ele, mas também as equipes adversárias marcavam um número impressionante de gols. O futebol ofensivo era mais que sua assinatura, era o seu estilo, e este já tinha se formado na sua época de jogador.

*

O início da carreira de Béla Guttmann como futebolista em Budapeste remete aos pioneiros tempos do futebol na Europa continental. Ao final do longo século XIX, de cujo desenvolvimento se formaram sociedades burguesas por toda a Europa, não houve apenas preocupação com a organização do trabalho, mas também com a organização do tempo livre seguindo o exemplo inglês. Ao lado do críquete, o futebol era a quintessência dos *English sports*. Mas isso custou tempo. Tradicionalistas continentais recusavam o esporte, vendo-o como uma futilidade moderna; os nacionalistas, por sua vez, não suportavam nele o caráter inglês. Desde as guerras de libertação alemã contra a França napoleônica, prevalecia (não apenas na Alemanha) a ginástica como exercício corporal ideal para os nacionalismos. Porém, o modo de viver à inglesa, suprassumo da modernidade no século XIX, espalhou-se por todo o mundo com o Império Britânico e o capitalismo globalizado. Os primórdios do futebol na Europa Central e na América Latina se deram quase que simultaneamente ao final da *belle époque* em função da presença britânica, com seus navios, suas indústrias e suas casas comerciais. Porém, instituições de ensino também começaram a ligar o esporte à formação do *gentleman*. O futebol parecia uma coisa fina, moderna. Na virada do século, surgiu como atrativo para aqueles que esperavam algo de um novo tempo. A ascensão social era algo possível, viável e desejável: quem era nobre tinha que sê-lo de nascença, mas *gentleman* era algo que uma pessoa podia vir a se tornar. Estilo de vida, esporte e jogo eram coisas que se podiam aprender.

Também Eszter e Abraham Guttmann, os pais de Béla, buscaram a vida burguesa e, com ela, a chance de ascensão social ao se tornarem professores de dança. Para os judeus húngaros, o último terço do século XIX foi marcado por um acelerado processo de mudança. A emancipação judaica decorrente do fracasso da Revolução Húngara de 1848/49 proporcionou grandes progressos depois da "equiparação" entre a Áustria e a Hungria. Ainda antes do final do século, os judeus já haviam migrado, em sua maioria, para as cidades, e assumido carreiras profissionais burguesas e, por consequência, a consciência nacional de *magiares*. Cada vez mais Budapeste concorria com Viena, a metrópole da monarquia dos Habsburgos. E a nação húngara se sentia em desvantagem em relação a Viena, já que, em comparação com a capital do império multiétnico, em Budapeste o sentimento de modernidade era muito mais forte. A central política de Viena tinha que ser muito cuidadosa no extremo Oriente, onde as relações na fronteira com a Rússia czarista exigiam atenção.

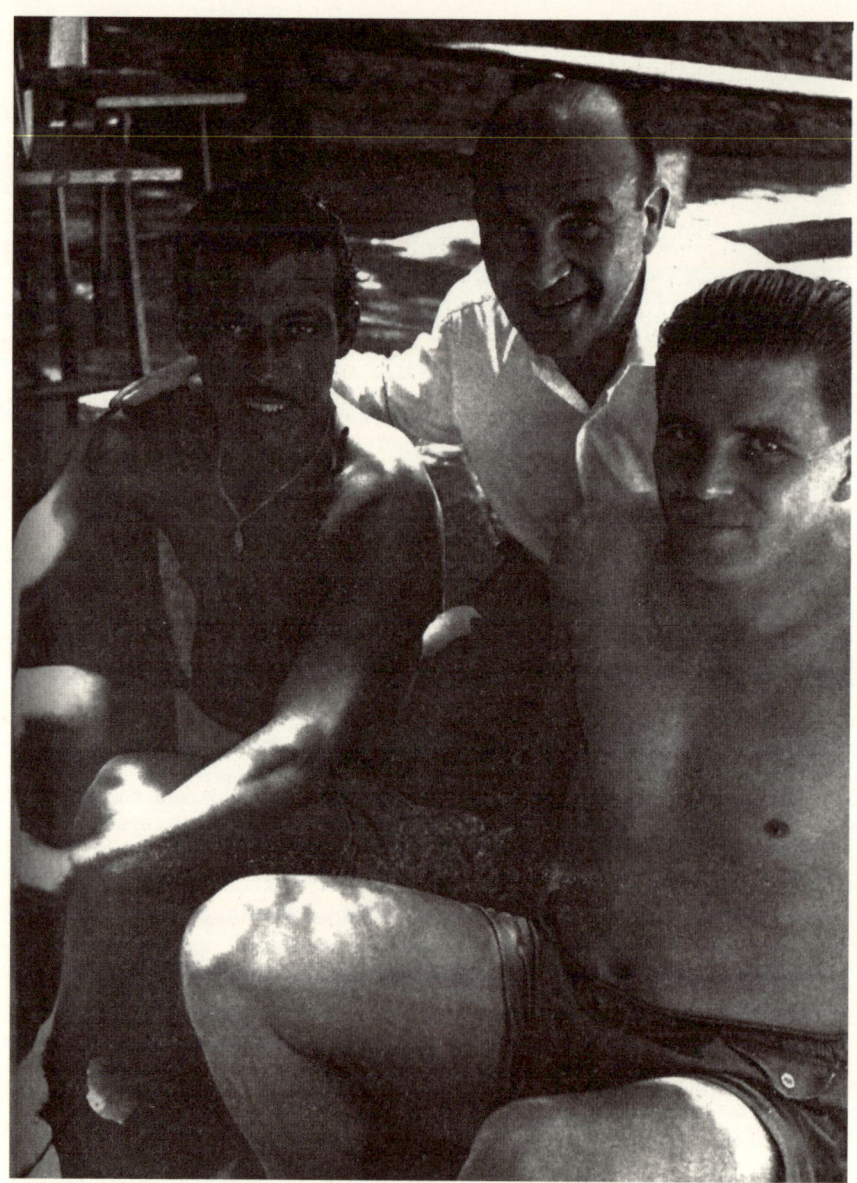
Béla Guttmann com Zizinho e Puskás no Brasil, em 1956

Na moderna Budapeste, porém, que na virada do século estava bem decorada por bulevares, cafés, restaurantes, lojas de departamento, novas estações de trem e por um pomposo parlamento em estilo neogótico, olhava-se com determinação para o Ocidente.

A rivalidade austro-húngara encontrou nos campos de futebol uma arena ideal. No entanto, era preciso que, de início, o futebol tanto se desligasse do nacionalismo do movimento ginástico como se libertasse da exclusividade dos círculos aristocráticos. Marca desse desenvolvimento foi a fundação do MTK em 1888, o *Círculo húngaro de educadores da cultura do corpo* (Magyar Testgyakolók Köre), cujo nome, segundo o sociólogo húngaro Miklós Hadas, era uma tentativa de exercer na prática uma "condição húngara universal". As energias para mover tais tentativas se devem ao esforço da classe média judaica em direção à burguesia liberal, às quais era vedado o acesso tanto aos aristocráticos *clubs* quanto às associações ginásticas nacionalistas. De 1903 até meados dos anos 1920, o MTK dividiu a supremacia do futebol húngaro com o Ferencvárosi Torna Club, sediado no nono distrito de Budapeste e chamado carinhosamente pelos seus fãs de "Fradi". A mescla de ginástica alemã e *club* inglês no nome da agremiação indica a aspiração social dos membros pequeno-burgueses e predominantemente de língua alemã do bairro Franzensstadt. Com o ingresso do filho mais novo no MTK, o ambicioso casal Guttmann já podia ficar muito satisfeito. Béla já havia estreado, durante a Primeira Guerra Mundial, em competições do Campeonato Húngaro por um pequeno clube chamado Törekvés.

O MTK inaugurou a precoce glória da escola húngara de futebol. Um pouco antes da final de Amsterdã, em 1962, Béla Guttmann recebera Gustav Sebes no hotel da concentração; este também fora um jogador do MTK nos anos 1920 e, mais tarde, o lendário treinador do *Aranycsapat* ["Time de ouro"] — que infelizmente sucumbiria frente ao escrete alemão treinado por Herberger na final da Copa de 1954, em Berna.

O estilo ofensivo do MTK tem uma longa história pregressa; mas uma rápida olhada no saldo de gols do campeonato nacional de 1919/1920 (quando Guttmann chegou ao time) — 26 vitórias em 28 jogos — já diz tudo: 113 gols a favor e 17 contra. O presidente do MTK entre 1909 e 1940, Alfred Brüll, deportado e morto em Auschwitz, tinha uma veia anglófila, como tantos cidadãos judeus da Europa Central, e havia atraído desde cedo jogadores e treinadores da ilha para Budapeste. Em 1917, foi trazido de um campo de prisioneiros o lendário Jimmy Hogan, sobre quem Gustav Sebes mais tarde diria: "Ele nos ensinou tudo o que sabemos sobre futebol." Em 1955 pediu-se a Hogan que escrevesse o prefácio para o manual de futebol húngaro *Learn to Play the Hungarian Way* [*Aprenda a jogar do modo húngaro*], de Márton Bukovi e Jenö Csaknády, que uma editora húngara, durante as núpcias da Guerra Fria, também publicou em alemão. O treinador de Lancashire menciona com orgulho a então recente Copa do Mundo de Futebol na Suíça, na qual os três primeiros colocados foram países nos quais tinha passado mais da metade de sua carreira como treinador: Alemanha, Hungria e Áustria. Não obstante, permanecia pequeno o círculo de *experts* em futebol da Europa Central aos quais Jimmy Hogan ensinaria, no entreguerras, o jogo de passes curtos da Escócia. György Orth, melhor amigo de Béla Guttmann por toda sua vida, era tido por ele como seu mais inteligente aluno. Trabalhou por muitos anos com Hugo Meisl, *Spiritus rector* do time dos sonhos da Áustria nos anos 1930. Hugo Meisl, por sua vez, ofereceu em 1936 ao jovem treinador Béla Guttmann o primeiro trabalho no exterior, no SC Twente Enschede, da Holanda. Hogan também havia treinado anteriormente o SC Dresden, equipe em que brilhava a elegância do atacante Helmut Schön, que tempos depois substituiria Sepp Herberger como técnico da seleção alemã.

"O moderno futebol húngaro foi construído a partir da velha escola escocesa", dizia Hogan em 1955, de modo apodítico. Hogan passara a ser tratado como traidor por parte da imprensa inglesa, sobretudo depois de duas derrotas retumbantes da Inglaterra para a Hungria (6 a 3 em Londres, 7 a 1 em Budapeste, em 1953 e 1954). Os treinadores ingleses — que ensinavam segundo a escola escocesa na Europa continental — compunham uma longa tradição que tinha começado ainda antes da Primeira Guerra. Os escoceses do Queens Park Glasgow tinham surpreendido os *gentlemen* ingleses com o seu cuidadoso jogo de passes na primeira contenda internacional da história. Os nobres ingleses tinham desenvolvido o drible, em oposição ao rúgbi; performances individuais é que deveriam decidir os jogos. Para imprimir mais dinâmica ao jogo, a *Football Association* modificou as regras do impedimento, o que fez com que a bola pudesse ser passada também para a frente. A pirâmide de passes escocesa reagiu de maneira inteligente a essa mudança, que privilegiava as combinações em vez do desempenho individual. Os times jogavam num esquema 2-3-5, que priorizava os passes curtos, exigindo de cada jogador novas técnicas com a bola e, por consequência, mais treinamento sistemático. A inovação derivou da lógica do jogo, que queria se distanciar dos amontoamentos, do *scrumming* do rúgbi. Essa invenção foi favorecida pela rivalidade entre ingleses e escoceses: a comparação futebolística ofereceu aos amadores escoceses, que se sentiam por baixo, a possibilidade de se colocarem frente aos *gentlemen* ingleses. Porém, como sistema — que ficou conhecido internacionalmente como "sistema escocês" ou "sistema ofensivo" — ele viria a se firmar somente graças à prática de um futebol profissional de campeonato iniciado no norte da Inglaterra. O campeão dos dois primeiros torneios, em 1889 e 1890, foi o Preston Northend, de Lancashire, que contava com vários jogadores escoceses que viam no próspero *cotton belt*[2] a chance de ganhar algum dinheiro. Foi ali, onde lendários clubes dos primórdios do futebol como Bolton Wanderers e Blackburn Rovers têm a sua pátria, que

---

2. Literalmente, "cinturão do algodão", região de muita produção de algodão, na porção norte da Inglaterra. [N.T.]

Béla Guttmann durante um treino entre os jogadores da seleção da Áustria, 1964

Jimmy Hogan aprendeu o sistema escocês, com o qual o futebol profissional inglês encontrou os primeiros êxitos sistemáticos.

O profissionalismo — algo que se aprendeu com os ingleses —, com seu treinamento metódico e objetivo, propiciou não apenas êxitos esportivos, mas também a ascensão social. Essa nova dinâmica parece anunciar o rápido fim do futebol dos *gentlemen*, que em vão se contrapunha ao crescente profissionalismo, ao tentar proteger um discriminatório ideal de amadorismo. Deixado à mercê das forças, o futebol profissional conseguiu se consolidar. As escolas de elite, de onde vieram as primeiras regras do *Association Football*, voltaram-se novamente para a elitista prática do rúgbi. Porém, os jogadores que, após encerrarem a carreira, desejavam transmitir sua experiência como treinadores tiveram que emigrar. Como profissão futebolística, consolidou-se na Inglaterra a figura do *team manager*, responsável mais diretamente pelos aspectos econômicos das equipes profissionais, em contraposição ao treinador, este dedicado exclusivamente às questões do modo de jogo em si. Era justamente na Europa continental — onde a rivalidade nacional e local era comparável à que havia entre Inglaterra e Escócia — que os treinadores da ilha, com suas revolucionárias ideias escocesas, eram recebidos de braços abertos. Jimmy Hogan era apenas o mais proeminente de todos aqueles que, no sul da Alemanha, na Áustria, na Hungria e na Boêmia, mas também na Espanha e na Holanda, ensinavam os novos conhecimentos sobre futebol no início do século XX. Não apenas no campo da política, mas também na medição de forças dentro do campo de futebol, a rivalidade entre Inglaterra e Escócia podia ser comparada àquela entre Áustria e Hungria. Enquanto os clubes de futebol emergentes se concentravam primeiramente no norte da Inglaterra (antes de Londres também se tornar uma metrópole futebolística nos anos 1920), as grandes cidades do Império Habsburgo — Viena, Budapeste e Praga — forneceram, com sua marcante urbanização, munição ideal para o desenvolvimento do futebol. Concorrência nacional e social num espaço reduzido fizeram desse esporte coletivo uma atração, uma possibilidade de ascensão social, e também um espetáculo que mobilizava as emoções de grupos locais, de classes sociais e de nações.

Ainda antes de Hugo Meisl levar Jimmy Hogan ao MTK, o estilo da equipe já se inspirava no sistema escocês, o preferido na Hungria durante a primeira década do século XX. *Kick and rush* (chutar e correr), a combinação entre individualidade e futebol-força, tinha sido abandonada em favor do controle de bola, que reconhecia que o sentido do futebol era marcar gols. Apesar de todas as mudanças no mundo do futebol durante os cinquenta anos seguintes, Béla Guttmann permaneceu fiel a esse padrão ofensivo. Técnica, condição física e tática construtiva constituíam o que Hogan em 1955 chamava de *essentials* dos seus primeiros treinamentos no MTK, algo que também Guttmann aproveitou para a sua carreira. Hogan acrescentou ainda uma qualidade necessária para o jogador moderno, característica que Guttmann possuía de sobra: "um cérebro brilhante". Para os anti-intelectuais ideólogos do futebol-força, que ainda hoje têm poderosa voz na mídia, este último requisito significa um convite à beligerância. Na imprensa da Hungria, o novo estilo do MTK — com o qual geralmente se identificava o estilo húngaro no período posterior à Primeira Guerra — era caracterizado como "inteligente", "elegante", "científico". Os adeptos do futebol atlético, contudo, sempre duvidaram dele, às vezes com subtons claramente antissemitas. Outra vez um paradoxo na história do futebol: enquanto na Inglaterra a introdução do profissionalismo significava um declínio social do futebol, em contraposição ao estilo de vida aristocrático, na monarquia do Danúbio o esporte foi um catalisador da ascensão social. A importação de *know-how* estrangeiro, cujo apreço na Inglaterra não era dos maiores, tinha, contudo, os seus custos. Não poderia ficar por muito tempo em segredo o fato de as estrelas húngaras do futebol viverem de futebol, e tendo que seguir vivendo de futebol também nos anos amargos que se seguiram à derrota das potências centrais europeias na Primeira Guerra

Mundial. Para ganhar o pão de cada dia, realizava-se turnês no exterior, porém não na Inglaterra nem na França, onde um boicote esportivo promovido pelas potências vitoriosas fechou as portas aos estados sucessores dos impérios alemão e Habsburgo. Essa restrição, porém, preparou o terreno para que, nos vinte anos do entreguerras, o futebol centro-europeu do Danúbio se desenvolvesse grandiosamente.

Uma mistura profissional

Quando Béla Guttmann assumiu em 1959 o cargo de treinador do Benfica, logo surpreendeu a direção do clube ao declarar que não desejava trabalhar com um enorme plantel de 35 jogadores. Para os poderosos dirigentes do alto escalão do clube, os jogadores não eram mais que uma reserva de matéria-prima que deveria ser utilizada ao gosto do novo treinador, de quem, aliás, não se esperava menos do que a conquista imediata do campeonato nacional. Tendo como modelo os endinheirados grandes clubes espanhóis, o Benfica procurava superar o rival local Sporting Lisboa, bem como o ascendente Porto FC, que Guttmann havia comandado na vitoriosa temporada de 1958/59. Terá sido a sua experiência como jogador profissional e como treinador que fez com que ele se posicionasse ferrenhamente contrário a uma política do clube que considerava sem sentido, não apenas sob o aspecto financeiro? "Reservas demais são uma despesa inútil para o clube, e trazem somente intranquilidade para o time. Quem não figura como titular pode e deve ficar insatisfeito, e por isso os suplentes não param de promover, por todo lado, focos de agitação", afirmava Guttmann. Para seu time titular, desejava ter à disposição a cada domingo não mais do que dois ou três suplentes. Naqueles anos não eram ainda permitidas substituições durante a partida: jogava-se noventa minutos com onze jogadores. Se alguém se machucava, tinha que resistir no que restasse do tempo de jogo, o que acontecia de fato. As equipes que disputavam a primeira divisão do Campeonato Português tinham que jogar apenas 26 partidas, e as competições europeias do final da década de 1950 eram disputadas em eliminatória simples, com jogos de ida e volta, e não de forma mista, com fase de grupos e depois em eliminatória em dois jogos, como hoje funciona a Champions League. O orgulho dos clubes por suas muitas mimadas

— porém em parte parcialmente inúteis — estrelas não impressionava o "cérebro brilhante" de Guttmann. Ele via ali muito mais uma fragilidade na forma de organização dos grandes clubes: tacanhez feudal por trás de uma elegante fachada. E assim ele não se deixou intimidar nas finais contra os grandes do futebol espanhol, o Barcelona em 1961 e o Real Madrid no ano seguinte.

Béla Guttmann ganhou sua própria experiência como jogador profissional num período de transição. Seu ingresso no grande clube de Budapeste, o MTK, no final da Primeira Guerra, não lhe proporcionou apenas ascensão social, mas também a possibilidade de jogar com grandes nomes do futebol húngaro: Imre Schlosser, Csibi Braun, György Orth e Gyula Feldmann. E grandes nomes, já durante a guerra, fizeram a lendária fama do MTK, como os irmãos Kalman e Alfred "Spezi" Schaffer. Porém, ao contrário dos países da Península Ibérica, poupados das guerras internacionais, as disputas entre os clubes na Europa Central aconteciam em um território relativamente restrito. O profissionalismo puro pertencia até então ao mundo do futebol britânico; na Europa Central podia-se esperar obter a ascensão social pelo esporte, mas só isso não garantia um padrão de vida correspondente. Paralelamente à sua carreira na Liga, o jovem Béla Guttmann obteve ainda uma licença de professor de dança, a exemplo dos pais — em banquetes e bailes em clubes sociais, ele não fazia feio, bem como em atividades descontraídas de lazer como o tênis. Essa forma de viver, no entanto, parecia-lhe frágil e pouco segura.

O ideal amadorístico encontrava a cada ano mais adeptos entre as camadas arrivistas, ao mesmo tempo que o futebol se tornava, depois da Primeira Guerra, um esporte atrativo e espetacular que abria a possibilidade de gerar receitas consideráveis. Da aparente contradição dos membros arrivistas de clubes, que queriam, por um lado, obter sucesso com os melhores jogadores — que por sua vez deviam ser recrutados em todas as camadas sociais —, e, por outro, frequentar os círculos mais exclusivos, nasceu o amadorismo de fachada no continente. Na Alemanha, por exemplo, ele durou até o começo dos anos 1960. Essa contradição foi produzindo escândalos, nos quais também o jovem Guttmann sempre esteve envolvido. A suspeita de pagamento ilegal acompanhava não apenas cada transferência de clube, mas também a carreira profissional dos jogadores fora do campo. Quem quisesse ter o melhor desempenho entre as quatro linhas tinha que procurar o profissionalismo. Porém, frente a isso colocava-se o papel social do esporte na Europa continental como veículo de ascensão da classe média. A acusação de jogar apenas por dinheiro colocava os boleiros na mesma situação dos pequenos artistas e atores de ocasião.

A situação emergencial no final da guerra agravou essas contradições. Por incrível que pareça, jogava-se futebol tanto quanto fosse possível, e recomeçava-se na primeira oportunidade. Na Hungria, por exemplo, o futebol sucumbiu apenas durante o primeiro semestre de 1919, no período da breve República Soviética da Hungria. Já nessa época isso resultou no êxodo de jogadores do país, o que abriu espaço para jovens jogadores que abundavam em Budapeste. Contudo, um antissemitismo agressivo também se disseminava na esteira da contrarrevolução. Os judeus estavam sob a suspeita de terem simpatizado com o governo soviético de Béla Kun, e até hoje existem diferentes assertivas e interpretações sobre a posição política das estrelas do futebol. Não se deve desconsiderar nesse quadro, no entanto, as terríveis necessidades materiais de que padecia a Hungria.

Uma foto da equipe do MTK, tirada no verão de 1919, mostra Guttmann em terno e gravata em Nuremberg, onde a equipe fazia uma escala durante uma viagem internacional. Reputação social, evidentemente, continuava a ser um objetivo importante do clube. As viagens ao exterior — nas quais os jogadores tinham que atuar em seus papéis — faziam parte, antes da guerra, de um tipo de jogo político; nesse momento, contudo, tornavam-se cada vez mais parte de uma complexa estratégia financeira. Para o clube, essas viagens não eram, além disso, isentas de perigo, uma vez que as propostas feitas pelos clubes anfitriões para os melhores jogadores pareciam bastante atrativas. Alfred Schaffer, do MTK — de quem se dizia ter atuado politicamente no socialismo de conselhos de Béla Kun —, ficou em Nuremberg para depois seguir sua carreira rodando pela Europa. Não apenas as condições econômicas e políticas se deterioraram após a queda da monarquia dos Habsburgos, mas também no futebol as coisas se complicavam. Claro, era preciso pagar ajudas de custo aos jogadores, de forma que pudessem viajar e causar boa impressão. Mas onde ficavam os limites? Também os limites dos novos Estados nacionais criavam condições que não eram facilmente compreensíveis para os jogadores. A burocracia futebolística — com os estatutos de amadores e direitos de jogadores variando de país a país — avançava, no caos do pós-guerra, ainda menos do que a civil.

É nesse momento que acontece a mudança de Béla Guttmann para Viena. Segundo as pesquisas de Ludwig Tegelbeckers, na temporada de 1921/22 parece ter havido na Hungria um grande escândalo por causa do amadorismo de fachada. No âmbito de um processo contra jogadores do Kispest Budapest, veio à tona o que o time com mais sócios-torcedores, o MTK, fazia havia anos: o pagamento clandestino de seus atletas. A recorrente emoção com que Guttmann se referia ao amadorismo de fachada, mais de quarenta anos mais tarde, mostra quanto o caráter clandestino das relações tornou difíceis seus primeiros anos em Viena e Budapeste. Os rumores sobre pagamentos acompanhavam não apenas as mudanças de clube, ainda que Guttmann tenha se esforçado em construir também uma carreira burguesa estabelecida paralelamente ao futebol. Anúncios de uma escola de dança na rua Wiesinger, com a qual ele prosseguiu mesmo depois da saída do parceiro Josef Ehrlich, podem ser encontrados em muitos números da revista do Hakoah, seu novo clube em Viena.

O Hakoah era mais que um clube, era um projeto sionista e nacionalista judaico. Fundado ainda antes da guerra por universitários judeus que não eram aceitos nas associações estudantis nem nos clubes ginásticos nacionalistas, o Hakoah só começou a crescer mesmo depois do fim da guerra, tornando-se o clube esportivo universitário judaico mais representativo. Mais do que nos últimos anos da monarquia dos Habsburgos, Viena tinha se tornado uma cidade de imigrantes, sobretudo de judeus, mas também de tchecos e húngaros. Nos novos estados-nação surgidos após o colapso da monarquia do Danúbio, recrudesceram as guerras nacionalistas, com *pogroms* e banimentos. No período do entreguerras, Viena tornou-se um destino para os judeus em fuga, especialmente para os da Galícia. Depois de Nova York e Varsóvia, a capital austríaca era considerada uma das maiores cidades com população judaica no mundo. Na concorrência entre nacionalidades que se desenvolvia nessa metrópole de imigrantes, construíram-se novos ambientes e novas estruturas políticas. A autoconsciência política da condição judaica se organizava na forma do sionismo, o que significava uma ruptura com o modo de vida tradicional dos judeus e com o esforço de assimilação até então praticado pelas classes médias judaicas.

*

O clube vienense que poderia ser mais bem comparado com o MTK de Budapeste chamava-se, até meados da década de 1920, "Amateure" [Amadores], e é conhecido ainda hoje pelo nome que adotaria mais tarde, Austria. Durante a monarquia dos Habsburgos, tanto o MTK quanto os Amadores atraíram para seus quadros membros da moderna burguesia liberal e cosmopolita. A anglofilia se manifestava não apenas na paixão pelos *English sports*, dos quais também fazia parte o críquete. Os Amadores emergiram do "Wiener Cricketers", e foi com essa denominação que jogaram, no outono de 1910, contra seus "primos" do MTK de Budapeste. Logo em 1911, disputaram a primeira edição do Campeonato Austríaco de futebol, já com o novo nome de Amadores.

Com o advento do futebol de liga antes da Primeira Guerra Mundial, parecia que já estava traçado o caminho inglês para o esporte de desempenho com sua consequência lógica, o profissionalismo.

O estrategista dos Amadores, Hugo Meisl, *spiritus rector* do futebol austríaco do entreguerras, personificava o espírito liberal burguês orientado para o progresso social, ao mesclar anglofilia e cosmopolitismo. Depois da guerra, Meisl reconheceu os sinais do tempo, de forma que, em 1919, depois da mencionada turnê pela Alemanha — da qual Béla Guttmann ainda retornaria para Budapeste —, os Amadores de Viena "sequestraram", como se dizia na época, os famosos irmãos Kalman e Jenö Konrad, que jogavam pelo MTK. A imprensa de Budapeste gritou de indignação, e também a de Viena torceu o nariz para as transferências — afinal, ninguém imaginava que elas pudessem acontecer sem alguma compensação financeira. Na verdade, Hugo Meisl — que ganhava a vida com negócios bancários — conseguiu para Konrad um emprego em um banco, onde ele podia ganhar um salário extra e seguro. Para o mais velho dos irmãos Kalman, por outro lado, ele obteve uma cara anuidade da Bolsa de Valores de Viena, com a correspondente licença para negociar ações. Com a filiação aos Amadores, podia-se então entregar o bilhete de entrada para a alta sociedade vienense. Como o MTK, os Amadores não eram um clube judaico, mas o clube exercia uma forte atração sobre aqueles judeus que pretendiam se integrar à sociedade burguesa. Antissemitas hostilizavam, como hostilizam até hoje, o MTK e o Austria, rotulando-os como "clubes de judeus".

Béla Guttmann, no entanto, escolheu o aspirante clube vienense Hakoah quando deixou Budapeste dois anos depois. Um artigo dedicado a ele, publicado em 19 de fevereiro de 1926 pela revista do clube também chamada *Hakoah*, menciona uma estadia de meio ano de Guttmann no Novi Sad, na Sérvia, experiência que lhe teria deixado claro que "um judeu pertence ao judaísmo. Lá ele tinha ajudado — e isso não poderia ser do conhecimento de todos — a fundar o coirmão do Hakoah, o 'Juda Makkabi'". Entretanto, Guttmann havia se tornado uma grande estrela, o que provocava rumores contínuos a respeito de sua emigração. Até a temporada de 1924/25, também se vivia em Viena sob o amadorismo de fachada, até que, por iniciativa de Hugo Meisl, a Áustria se tornou o primeiro país da Europa continental a ter uma liga profissional. Na sequência, Tchecoslováquia e Hungria também legalizaram o futebol como profissão. Mais de duzentos jogadores retornaram à Hungria em 1927. Mas não Béla Guttmann: ainda no verão de 1924, ele esteve nos Jogos Olímpicos de Paris representando a Hungria, participação que teve início com uma promissora vitória sobre a Polônia, mas que terminou abruptamente com uma inesperada e desastrosa derrota contra o Egito pelo placar de 3 a 0. Houve protestos nas ruas de Budapeste quando se soube do resultado, já que se esperava das estrelas internacionais uma reabilitação da depauperada glória futebolística da Hungria. Enquanto a equipe se escondia dos furiosos torcedores no interior do país, Guttmann não chegou sequer a retornar a Budapeste. Décadas depois, antes da final em 1962 frente ao Real Madrid, ele distraía os jovens jogadores do Benfica, frente à iminente batalha contra o time espanhol, com essa história dos primórdios do futebol, mostrando o pano de fundo do fracasso de 1924. Jenö Csaknády, em seu *Béla Guttmann Story*, relata que, para participarem dos Jogos Olímpicos, os jogadores tiveram que ser dispensados por seus clubes, ficando assim sem receber salário. Eles foram maltratados pelos funcionários húngaros, para os quais uma viagem a Paris era uma tremenda aventura. A proporção de dezessete jogadores para dezoito burocratas fala por si; mais surpreendente ainda é a informação, que parece segura, segundo a qual Guttmann perdera mais de três quilos nessa viagem. Economizava-se em tudo com os jogadores, do alojamento à comida. Sua carreira na seleção nacional, depois dessa situação catastrófica, chegava ao fim.

*

Em meados dos anos 1920, Viena havia tomado de Praga e Budapeste o posto de cidade mais importante para o futebol. Para manter-se nessa posição era preciso acabar com o amadorismo de fachada. Depois da derrocada do Império Habsburgo, a cidade aberta aos imigrantes de todo o mundo tinha mais a oferecer do que Budapeste ou Praga, que, no entanto, permaneceram fortes adversários futebolísticos. Uma rivalidade de muitos anos, como aquela entre os Amadores e o Hakoah, seria inimaginável em uma cidade que não fosse Viena, e Guttmann também se aproveitou disso. A ascensão dos clubes de Viena depois de 1918 se deu em função da considerável disponibilidade de jogadores de grande potencial ao final da guerra. Como em quase toda a Europa, durante a longa guerra os soldados austríacos aprenderam a jogar futebol com seus oficiais. Além disso, eles utilizaram, principalmente nos países que antes eram potências centrais, os seus direitos recém-conquistados — salários mais altos e menos horas laborais — para poderem permanecer nesse passatempo como jogadores e como espectadores. Nos subúrbios de Viena, clubes surgiam como cogumelos do chão, e com eles abria-se um novo reservatório de jogadores. Sob a pressão por rendimento do futebol de liga, não era mais possível sustentar o futebol dos *gentlemen* como um ideal, com sua moral do *fair play*. Contudo, com a pretensão de se consolidar como clube de uma sociedade urbanizada, os Amadores seguiam adiante. Matthias Marschik, o cronista do Austria, cita o jogador Karl "Vogerl" Geyer, segundo o qual os "Amadores sempre levavam seus trajes de gala na mala" e seguiam o lema de "nunca chutar a gol com força". A esse estilo se adaptaram também os novos jogadores do MTK.

Já antes da guerra, Jimmy Hogan, como treinador dos Amadores, tinha ensinado os fundamentos da escola escocesa e comandado a equipe nacional da Áustria nos Jogos Olímpicos de 1912. Hugo Meisl, então a força motriz dos Amadores, aprendeu muito com ele. Os jogadores "sequestrados" do MTK, que passaram a treinar com Hogan em 1917, encaixaram-se muito bem na equipe dos Amadores de Viena. Desenvolveram com destreza o estilo de passes rasteiros curtos. O ano de 1922 viu um golpe perfeito ser realizado quando a estrela da Europa Central, Alfred "Spezi" Schaffer — também uma cria do MTK —, pôde ser contratado. Falou-se em 25 milhões de coroas em luvas e mais cinco milhões de coroas mensais, quantias que faziam a expressão "amadorismo" parecer anacrônica. Embora Schaffer trouxesse para o campo seu corpanzil de 95 quilos, eram notórias sua técnica, inteligência e aplicação, qualidades que ainda podiam ser decisivas em certos jogos. Na temporada de 1923/24, os Amadores conseguiram superar seu maior adversário, o Rapid, no campeonato nacional. O Rapid representava em Viena o papel de antagonista dos Amadores, assim como acontecia, em Budapeste, com o Ferencváros em relação ao MTK. Os mitos que nasciam das rivalidades entre os clubes de ambas as cidades não resistem à mínima tentativa de comprovação. Burgueses contra pequeno-burgueses ou proletários, judeus contra húngaros ou alemães — nada disso era assim tão simples; na verdade, era uma mistura muito mais complexa.

O mesmo valia para o Hakoah, que encontrava seu lugar como a terceira força de Viena. Quando o húngaro Jozef Eisenhoffer se juntou aos seus velhos amigos do MTK, agora jogadores do Hakoah, ele se deixou circuncidar, convertendo-se ao judaísmo, sob escárnio e zombaria da imprensa. O time recrutava seus torcedores principalmente entre os refugiados judeus que, depois da guerra, chegavam a Viena aos milhares. No entanto, mais do que qualquer outra agremiação, o Hakoah seguia objetivando programaticamente uma boa reputação social. Quando o clube venceu a liga profissional de Viena na temporada 1924/25, a orquestra do clube executou durante a festa de comemoração *O Rapto do Serralho*, de Mozart, e a *Arlésienne*, de Georges Bizet. Os próprios jogadores apareceram em elegantes trajes noturnos, como Roman Horak e Wolfgang Maderthaner documentaram no seu livro *Mais que um jogo*. O Hakoah colocou seu departamento de futebol a serviço da divulgação da cultura nacional judaica na sociedade vienense. A inspiração vinha dos grandes clubes burgueses que não ofereciam apenas práticas esportivas aos seus associados. O Hakoah apresentava uma forma autoconsciente de vida judaica que se viu exposta a muita hostilidade. A forma de jogo no campo foi precisamente caracterizada por Karl-Heinz

Schwind como "uma mescla extremamente picante de futebol austríaco, húngaro e judaico". No time campeão atuavam, além de Béla Guttmann, outros cinco jogadores judeus cujo aprendizado do futebol se dera em Budapeste. Hakoah significa "força". Esse modelo de jogo veio totalmente ao encontro do futebol que o professor de dança Béla Guttmann conhecia. Pelos Amadores jogavam várias estrelas húngaras que, nos tempos do MTK Budapeste, figuravam na ordem hierárquica da equipe acima de Guttmann que, por sua vez, como as notícias de jogos sempre destacam, aliava refinada técnica a uma robusta força competitiva. O fenômeno de uma equipe com importantes jogadores envelhecidos em posições-chave, pressionada por um *team* entrosado e em ascensão, pôde ser visto no duelo entre os Amadores e o Hakoah. Nas finais da Liga dos Campeões, quando o Benfica enfrentou o Barcelona em 1961 e o Real Madrid em 1962, a história parecia estar se repetindo.

No time do Hakoah o jovem Guttmann pôde enfim tornar-se uma estrela. Seus antigos companheiros de Budapeste garantiam que a forma de jogo a que estavam acostumados no MTK poderia ser mais bem desenvolvida. Na Pirâmide Escocesa — o sistema 2-3-5 —, Guttmann sentia que como meia de ligação poderia exercer um papel central, mantendo a comunicação entre ataque e defesa. Ele tinha que conseguir defender e também armar o jogo à frente. Dele se esperavam todas as grandes qualidades de um jogador: técnica superior, visão de jogo acurada e condição física invejável. No campo ele se tornou o organizador do jogo, uma função fundamental que Guttmann obviamente quis que fosse reconhecida. Em sua primeira temporada profissional em Viena, em 1924/25, ele e seu colega Schaffer deveriam receber dez milhões de coroas cada um do Austria, pouco antes ainda chamado de Amadores. Essa enorme soma se coloca em flagrante contradição com a turnê de fome que foi a viagem da equipe nacional da Hungria para os Jogos Olímpicos de Paris no verão de 1924. Não tivesse sido documentada a inanição com que a delegação voltou de Paris, a história do desastre olímpico teria permanecido uma lenda. De todo modo, sempre se falou posteriormente da participação decisiva que Béla Guttmann teve nas negociações contratuais. Ele preferia recusar uma proposta a perder cachês mais altos. Sua utopia do futebol como profissão tem origem nas experiências contraditórias dos primeiros anos da década de 1920. Com o futebol podia-se ficar imensamente popular, mas o jogador médio da metade dos anos 1920 não recebia mais do que um trabalhador qualificado. A maioria dos jogadores de Viena, mesmo com as três ligas profissionais da Áustria, recebia o mínimo necessário para a sobrevivência. Alguém que desejasse evoluir financeiramente tinha que aplicar bem o que recebia, de forma a garantir o próprio sustento. Era humilhante ficar dependente também dos funcionários do sistema, como no episódio dos Jogos Olímpicos de Paris. O *status* de amador trouxe consigo a burocracia da associação que decidia quem podia ou não jogar, e a cuja mercê ficavam todos aqueles que tinham o futebol como meio de vida. Um homem livre poderia simplesmente partir de um bairro miserável de Paris; os jogadores húngaros acreditavam não ter o mesmo direito.

O profissionalismo tornou evidente a dependência do futebol à economia, algo que o amadorismo de fachada somente ocultava. Mesmo uma grande cidade como a Viena da metade dos anos 1920 não podia alimentar trezentos profissionais. Somente os jogadores dos quatro grandes clubes — Amadores, Hakoah, Vienna e Rapid — recebiam salários minimamente confortáveis. Mas mesmo o jogador médio dessas equipes de ponta não recebia nem de longe o que Béla Guttmann obtinha por mês. E a distância social com relação aos dirigentes do clube mantinha-se dolorosamente clara. Era-se e permanecia-se um "futebolista", mesmo em eventos sociais. Mesmo o professor de dança Guttmann, que tão bem deslizava pelos grandes salões, parece nunca ter perdido esse sentimento. Um episódio de 1925 demonstra quanto uma carreira no futebol pode ser breve. Durante uma partida, Leopold Hoffmann, jogador da seleção que atuava pelo Vienna, deu uma entrada desleal em Grünfeld, do Hakoah. Este, por sua vez, desferiu-lhe um soco em revide. No tumulto que se seguiu, Hoffmann e Guttmann se atracaram e, no final da contenda, o último acertou um direto certeiro no rosto do primeiro, fazendo-o sangrar. O campo foi invadido pelo público enfurecido e o jogo teve que ser interrompido. Guttmann foi suspenso. Ao se ler hoje os relatos sobre o jogo, não há como não se surpreender com a tremenda violência presente tanto no campo quanto nas tribunas. As tensões sociais que vieram a ser descarregadas no jogo não podiam ser subestimadas, e seguramente um clube como o Hakoah desenhou, com seu projeto político e cultural, uma demarcação importante frente aos clubes adversários e seus torcedores. A direção do Vienna, por exemplo, não queria admitir o Hakoah em 1910 como uma associação política. Some-se a isso ainda a rivalidade marcante entre os torcedores do Hakoah e do Austria.

Nos selecionados nacionais, no entanto, jogavam novamente juntos e em paz todos os que tinham brigado até sangrar. Do MTK e do Ferencváros, em Budapeste, cedo se selecionou jogadores para formar uma equipe nacional húngara. Em Viena as coisas demoraram um pouco mais, mas logo surgiu, sob a batuta de Hugo Meisl, o time dos sonhos da Áustria. As generosas premiações oriundas das partidas entre seleções, que sempre atraíam grande público, foram muito bem-vindas pelos profissionais dos diferentes clubes. As transferências de jogadores e treinadores de um clube a outro são até hoje acusadas de deslealdade e traição pela mídia e pelo público, e de fato são sentidas como tal. Mas foram justamente essas mudanças que propiciaram o aprendizado mútuo e a sobrevivência de culturas futebolísticas tradicionais. Pertence à essência do profissionalismo o direito de transferência para outro clube, algo que Béla Guttmann cultivou desde o início de sua carreira. O *professional player* deve guardar distância da fidelidade incondicional dos fãs a seus clubes. Os conflitos entre grupos de torcedores aconteciam fora das quatro linhas do campo, não entre os profissionais, que permaneciam como observadores dos conflitos. O sempre citado Karl "Vogerl" Geyer assim guardou os fatos em sua memória: "No Austria éramos *fifty-fifty*, cinco judeus e seis cristãos no time (...). Sempre tínhamos, por exemplo, um 'Hetz' ["corre-corre"] quando jogávamos contra o Hakoah: para nós, do Austria, jogavam os judeus ricos, homens de negócios, enquanto o Hakoah contava com os judeus pobres. Ambos os grupos se insultavam nas tribunas gritando *'Saujud'* ["porco judeu"]. Sentamo-nos abaixo e ouvimos como gritavam e como se insultavam. Era um 'Hetz' para nós. Era tudo, no entanto, sem violência corporal: eles se xingavam e pronto, tudo resolvido."

*

No futebol profissional da Europa continental, o antissemitismo desempenhou, desde cedo, um papel que não pode ser subestimado. A ideia de que uns jogavam por dinheiro, enquanto outros chutavam a bola pela honra, atiçava o preconceito segundo o qual tampouco no futebol os judeus mereciam confiança. Isso também afetava os jogadores judeus, tanto os do Austria quanto os do Hakoah. De ambos os "clubes judeus" se supunha que compravam em conjunto seus jogadores, o que só seria possível porque nadavam em dinheiro. Desde o último terço do século XIX, identificar os judeus com os bancos e as bolsas de valores faz parte do arsenal antissemita. Hugo Meisl vinha, de fato, de uma família de banqueiros. No entanto, ele seguiu o exemplo paterno tanto quanto fez seu irmão mais novo, Willy, que defendeu como goleiro as cores dos Amadores e que durante a República de Weimar tornou-se um dos melhores jornalistas esportivos alemães. O futebol, que não foi arrastado pela tradição chauvinista da ginástica, exerceu grande atração em jovens judeus que não queriam mais levar uma vida tradicional. Enquanto a monarquia do Danúbio decaía, a burguesia liberal ascendia, apoiando os *English sports* em meio aos pontos de tensão da concorrência entre nações. Ora, o que se queria e o que se deveria ser: austríaco ou alemão, tcheco ou húngaro? Por esse motivo, o Hakoah surgiu, apresentando-se como uma alternativa de organização judaica numa cidade de imigrantes como Viena, com suas colônias de tchecos e húngaros. Os torcedores do clube podiam se identificar com os êxitos dos futebolistas judeus, contrariando a preconceituosa imagem dos judeus sujos e pobres vindos dos pequenos *shtetls* da Europa Oriental. Contudo, a autoestima dos jogadores também cresceu nesse processo; eles tinham vindo para Viena à procura de um bom salário, e o Hakoah oferecia a possibilidade de se jogar em uma jovem e ascendente equipe. O futebol possibilitava uma carreira mesmo sem uma profissão burguesa, e um "cérebro brilhante" certamente sabia que ela não duraria muito. Da mesma forma, vários daquela geração ainda jogaram futebol profissionalmente até os 40 anos de idade. Na sua palestra de 1962, já citada e transmitida por Csaknády, Béla Guttmann não se cansava de alertar aos seus jovens jogadores no Benfica que, naquela época, ainda se jogava um "futebol de espreguiçadeira" — em outras palavras, o que mais tarde seria chamado de "futebol parado". Contudo, o profissionalismo exige também uma consciência do próprio corpo como capital de giro — que na escapulida olímpica de 1924 foi colocado em jogo de forma tão frívola pelos funcionários do sistema.

Guttmann ascendeu definitivamente à condição de estrela com o Hakoah, gerando os costumeiros rumores de uma transferência — talvez até mesmo para os Amadores. Em 19 de fevereiro de 1926, a revista do clube estampava em manchete um artigo em que se reclamava a estrela envolta em escândalos para as dores do Hakoah:

> Nada seria mais tentador do que fazer um estudo sobre o personagem "Béla", um jogador que como nenhum outro domina o time com seu temperamento, e cujas erupções, tanto para o bem quanto às vezes também para o mal, mostram claramente a sua personalidade mesmo para o observador mais desavisado. Tal consideração deveria demonstrar como Guttmann constrói em cada partida o drama que ele mesmo

protagoniza: no início ele testa cuidadosamente a sua própria força, para logo criar um momento crítico em que inventa qualquer truque mais ousado, e finalmente, dependendo do resultado, luta pela vitória até o final, seja com o espírito animado, seja rangendo os dentes. Dessa forma, em um dia ele se transforma no líder e timoneiro de sua equipe, que sabe como arrebatar para a certeza da vitória; em outro, torna-se um desesperado cavaleiro que, com a derrota batendo à porta, arrisca tudo para evitá-la. Tal qualidade fez a fama de Béla, tornando-o um jogador fora de série. Trata-se inquestionavelmente de uma característica inata, ainda que tenha encontrado plenas condições para seu desenvolvimento no Hakoah. Nenhum outro clube teve que, desde a sua fundação, desenvolver tanto o espírito de luta de seu time, pois nenhum outro clube teve que lutar na mesma medida contra a hostilidade esportiva, além de ainda combater inimizades pessoais. Com isso, cada homem foi obrigado a tomar para si as dores do clube, caso quisesse ter sucesso — e Guttmann, que sempre se sente melhor em meio à batalha selvagem, encontrou aqui as melhores das situações.

Na conversa com o periódico, Guttmann não quis se enaltecer pelas grandes batalhas que tinha empreendido com o Hakoah. Em setembro de 1923, foi finalmente possível romper o boicote esportivo promovido pelos vencedores da Primeira Guerra contra os esportistas da Alemanha e dos países que compunham a antiga monarquia do Danúbio. O Hakoah de Viena viajou para a Grã-Bretanha e jogou contra grandes equipes inglesas, como o Bolton Wanderers e o West Ham United. Os vienenses venceram o West Ham por um sensacional 5 a 0. Deve ter sido a primeira vitória de uma equipe da Europa continental. Ainda mais espetaculares que os embates contra os ingleses foram aqueles que tiveram como adversário o time de ponta da República Tcheca, o Slavia de Praga. Em 1925, depois de tomar um duplo castigo com os placares de 4 a 0 e 5 a 1, o campeão austríaco Hakoah ainda conseguiu alcançar uma celebrada vitória por 6 a 5 em uma inesquecível peleja para o público de Viena. Naquela época ainda não tinha sido inventada a Liga dos Campeões da Europa, mas Hugo Meisl já planejava uma Copa Centro-Europeia — a Mitropacup —, de modo a poder financiar melhor a mesclada cena do futebol profissional que então se desenvolvia às margens do Danúbio.

O professor de dança Béla Guttmann

O dólar como moeda do futebol

Expandir o mercado a fim de enfrentar os custos — não valia apenas no ano de 1925, quando o profissionalismo estava sendo introduzido na Europa Central. Após o sucesso de público da Copa do Mundo da Suíça, em 1954, foi uma mistura de idealismo e necessidade que conseguiu reunificar o futebol europeu apesar da Guerra Fria: em 1955 foi criada a Liga dos Campeões da Europa. O Real Madrid foi o soberano indiscutível das primeiras edições da competição, vencendo-a cinco vezes consecutivas. Contudo, as grandes equipes também são mortais, e ninguém precisou dizer isso a Béla Guttmann que, na final de 1962 contra o próprio Real, veria sua equipe superar um placar negativo de 2 a 0 e chegar ao empate por 2 a 2 ainda no fim do primeiro tempo. Os fascinantes jogos finais da Liga dos Campeões coroavam uma longa história de disputas internacionais, cujos primórdios apenas os velhos profissionais — como Guttmann — ainda guardavam na memória.

Desde o início foram as competições internacionais entre clubes que mantiveram vivo o futebol profissional. Ainda antes da Primeira Guerra, os *team managers* ingleses descobriram a possibilidade de comercializar suas fabulosas equipes na Europa continental por cachês em libras esterlinas. A Ilha produzia em abundância tanto jogadores em atividade quanto veteranos que se tornavam treinadores dispostos a vender sua experiência. No entanto, a capacidade de absorção do mercado continental permanecia limitada. Quando o futebol, ao fim da guerra, finalmente pôde contar com um público crescente também no continente, os governos dos países vencedores limitaram de forma considerável o trânsito de jogadores. Os derrotados e as novas nações que os sucederam viram-se obrigados a jogar com frequência apenas uns contra os outros. Contudo, a Alemanha se excluiu desse pequeno círculo, já que a DFB (Federação Alemã de Futebol) não apenas recusava a introdução do futebol profissional no país, como também proibiu, no final da década de 1920, que seus membros atuassem em jogos contra equipes profissionais.

Por outro lado, na antiga monarquia do Danúbio — agora pulverizada em Estados-nação — aproveitou-se avidamente as novas possibilidades de acumular experiência que se ofereciam no enfrentamento com equipes internacionais — sobretudo com aquelas de países da antiga zona de domínio do Império, como Hungria, Tchecoslováquia, Bósnia, Croácia e o norte da Itália. Mais uma vez foi Hugo Meisl quem, em meados da década de 1920, começou a desenvolver a ideia de uma copa centro-europeia, que então já se assemelhava à atual Champions League: a Mitropacup foi inicialmente um torneio entre selecionados nacionais, para logo depois se tornar uma competição entre clubes, com jogos de ida e volta. Na segunda metade da década de 1920, a competição se tornou o motor do futebol profissional no continente europeu.

*

Em 1925, uma mudança nas regras da Football Association (FA) revolucionou o futebol na Inglaterra. Questões econômicas também tiveram um papel importante nesse processo. Cada vez mais os times ofensivos se viam dominados por equipes profissionais bem preparadas e que jogavam com a regra do impedimento a seu favor. Relatos da época chegam a reportar até quarenta situações de impedimento por jogo. Na verdade, era ainda muito fácil e seguro para uma equipe defensiva colocar o time adversário em situação de impedimento, já que eram necessários três jogadores entre a bola e o gol adversário para caracterizar a irregularidade. Bastava que um zagueiro se adiantasse para que um dos vários atacantes da formação piramidal 2-3-5 ficasse em impedimento. Falava-se até em zagueiros que acenavam com um lenço para que o árbitro apitasse a infração. Caso o *referee* falhasse alguma vez, havia ainda um último zagueiro e o goleiro no caminho dos atacantes até o gol. Essa forma de jogar futebol não era especialmente atrativa, já que o jogo ficava entrecortado, os gols rareavam e o público ameaçava debandar dos estádios. A mudança na regra de impedimento de 1925, que passou a exigir apenas dois jogadores do time defensor entre a linha de fundo e o adversário para o jogo prosseguir, levou de imediato a uma verdadeira enxurrada de gols na Inglaterra. O público foi sensível à mudança e os estádios voltaram a ficar cheios. A transformação da regra alcançou em princípio o efeito desejado, mas teve também consequências inesperadas. O jogo se acelerou enormemente, não se podia mais jogar "sentado" — como Guttmann ironizara o futebol jogado nas Olimpíadas de 1924. Velocidade e resistência se tornaram fatores decisivos, pois no campo se abriam espaços que nunca antes puderam ser utilizados. Isso exigiu treinamento físico sem a bola, o que não agradava em nada aos jogadores mais experientes e ao qual se opuseram seus advogados literários, com muito barulho nos jornais. A quintessência da nova racionalidade objetiva foi Herbert Chapman, um engenheiro de Yorshire que não só tinha vencido com o Hudderfield Town a Football Association Cup, mas também foi bicampeão inglês em 1924 e 1925. Mesmo quando deixou o Hudderfield transferindo-se para o Arsenal, o clube conquistou mais uma vez o campeonato, tornando-se o primeiro tricampeão inglês da história.

Na metade da década de 1920, a posição de um treinador no futebol ainda era controversa. Entre os jogadores profissionais, muitos se consideravam suficientemente qualificados para conduzir uma partida com êxito. Quem teria algo mais a lhes ensinar? Herbert Chapman era um desses — ele que se tornou o mais famoso *manager* inglês, talvez por ter sido o primeiro a sê-lo num sentido moderno da função. Chapman analisava com profundidade o jogo e sua mercantilização. Refletia sobre os holofotes em suas equipes, mas também dava atenção à fisioterapia. A nova enxurrada de gols que se deu após a alteração da regra do impedimento fez com que ele reordenasse sistematicamente o jogo. Chapman recuou um meio-campista da pirâmide de passes 2-3--5 e o transformou num volante. Os antigos laterais receberam novas tarefas na defesa e na armação, que então recaía principalmente sobre os dois centroavantes recuados do esquema com cinco atacantes. Chapman levou esse sistema WM à perfeição com o Arsenal de Londres. O sistema 3-2-2-3 — ataque em W, defesa como um grande M — logo suplantaria o sistema ofensivo em forma de pirâmide, o 2-3-5. Depois de uma vitória na Copa da Football Association contra o Huddersfield, em 1930, o Arsenal ganhou, no início da década de 1930, o Campeonato Inglês por três vezes seguidas. Em 1934, quando estavam no auge desse sucesso, Chapman morreu — mal fazia um ano que tinha se dado, no dia 7 de dezembro de 1932 em Londres, a grande queda de braço entre o time dos sonhos austríaco, sob o comando de Hugo Meisl, e a Inglaterra. O jogo no Stamford Bridge, estádio do Chelsea, terminou com uma disputadíssima vitória dos ingleses por 4 a 3. Porém, parecia ter se iniciado uma rixa entre as escolas de futebol: a beleza do jogo deveria ser sacrificada em favor de um sistema eficiente? Os trágicos perdedores se estilizavam quase sempre como últimos cavaleiros que morreriam de forma bela, enquanto consideravam os campeões como futebolistas de resultado sem coração.

    Naturalmente as coisas não eram tão fáceis quanto os mitos podem querer contar. Hugo Meisl conhecia muito bem Chapman, admirava sua abordagem sistemática do jogo, e não foi só por cortesia diplomática que o caracterizou, ainda antes do estilizadíssimo jogo contra a Inglaterra, como a grande força que ditava tendências no futebol profissional inglês. Como treinador da seleção da Áustria, Meisl confrontou o modo de jogo vienense com os padrões ingleses de condição física e efetividade, e por isso hesitou num primeiro momento quando colocou o famoso atacante do Austria, o "papelzinho" Matthias Sindelar, como centroavante no "time dos sonhos". No novo sistema WM, não havia tanto espaço para jogadores refinados capazes de tabelas milimétricas, mas sim para centroavantes mais parrudos, chamados de "tanques", uma alusão aos veículos militares blindados. Afinal, era somente a combinação das novas exigências de condição física e de velocidade com a malandragem individual no jogo que fez com que os jogadores saíssem da infância do jogo de forma que os jogadores da Europa continental, ao contrário dos da Ilha, se aproveitaram da vivacidade da contenda internacional. O irmão mais novo de Hugo Meisl, Willy — o jornalista esportivo que se exilou, fugindo dos nazistas, na Inglaterra e ali se tornou um dos mais respeitados críticos de futebol — louvou ainda em 1928 a antiga pirâmide de passes 2-3-5 como o "sistema definitivo", pois ela tinha se afirmado como a "mais adequada". Em 1955, Meisl denunciava em seu livro *Soccer Revolution* o atraso do futebol inglês. Ele teria se revelado de maneira especialmente gritante em 1953 na derrota por 6 a 3 contra a Hungria, e um dos motivos para isso seria o arrogante isolamento da Inglaterra com relação ao futebol europeu. Contudo, ninguém que quisesse se afirmar no futebol moderno podia contornar o sistema WM. Mesmo os húngaros jogaram nesse esquema, só que de maneira mais apurada e refinada.

Por volta de 1925, quando o futebol profissional estava sendo introduzido no continente, ainda perdurava a hegemonia britânica; o confronto produtivo com as inovações do sistema WM tinha apenas começado. Os treinadores ingleses eram tidos como seguidores dos *Scottish professors* que tinham ensinado a tantos europeus do continente o modo moderno de se jogar futebol. O meio-campo, o *center half*, ainda preservava seu papel determinante no futebol do Danúbio: foi também por causa disso que Béla Guttmann conseguiu fazer fama na equipe campeã do Hakoah. Contudo, teve que se afirmar sob as novas exigências do esporte. Por meio das contendas internacionais, podia-se ficar muito bem informado sobre as inovações do futebol profissional inglês. Com os Jogos Olímpicos e o surpreendente Uruguai, bicampeão, surgiram tanto novos concorrentes quanto parceiros de jogo no além-mar que, por sua vez, também se mantinham por cima da carne-seca com turnês pela Europa, como, por exemplo, o Peñarol de Montevidéu.

O futebol também lucrou com o clima de reviravolta dos *roaring twenties* ["loucos anos 1920"], porém não se pode perder de vista as condições de vida na Europa. Uma carreira profissional sempre estava acompanhada pela insegurança quanto à sua duração. O fantasma do desemprego fazia parte do metiê para o qual se recrutava o contingente de massa do futebol. Os primeiros tempos das ligas profissionais da Europa Central não proporcionaram de forma nenhuma somente bons negócios; os clubes operavam mais à beira da bancarrota. Era muito bom quando a boa reputação deles fazia com que recebessem convites para turnês internacionais. Os resultados obtidos no exterior funcionavam então como uma propaganda interna. Para um time comprometido com o sionismo como o Hakoah, oferecia-se viagens ao Egito e à Palestina — jornadas em áreas de protetorado inglês realizadas nos invernos de 1923/24 e de 1924/25. Jogava-se contra times ingleses, árabes e judeus. Em Tel Aviv, 10 mil espectadores vieram e viram o campeão austríaco vencer um selecionado da Maccabia por 11 a 2. Contudo, a turnê mais extraordinária e decisiva para o futuro de Béla Guttmann foi feita pela equipe em 1926, rumo aos Estados Unidos.

*

O presidente do clube ávido por viagens lucrativas ao exterior, Ignatz Körner, acionara contatos em Nova York, e Anna Lederer — nascida em Budapeste e posteriormente conselheira de Roosevelt — coordenou a viagem a Nova York. Nos Estados Unidos, o futebol se encontrava em ascensão nos meados da década de 1920. Muito mais do que na Europa, ali o esporte tinha se tornado um entretenimento para as massas, e os imigrantes europeus tinham trazido na bagagem, para o Novo Mundo, a paixão por ele.

Uma fama lendária precedia o Hakoah também nos Estados Unidos. No caminho para Nova York, abateram em Paris o destaque francês Red Star Club Paris pelo sensacional placar de 10 a 4.

Nathan Strauss, proprietário da loja de departamentos Macy's e senador nos Estados Unidos, proporcionou não somente uma recepção grandiosa, como chegou mesmo a chorar quando viu passarem os homens com estrelas de Davi na camisa. Proprietários particulares tinham construído grandes estádios para o beisebol que, eventualmente, também podiam ser utilizados pelos futebolistas. E, assim, 25 mil espectadores esperavam pelo Hakoah em 26 de abril de 1926 no Polo Grounds, então a casa do time de beisebol dos New York Yankees. Em 1º de maio de 1926, 46 mil nova-iorquinos foram ver o time enfrentar um selecionado dos New York Giants e do Indiana Flooring, jogando sob o nome de New York All Stars — um recorde de público que só seria quebrado em 1977, quando o New York Cosmos, com suas estrelas mundiais Pelé, Beckenbauer e Chinaglia, atrairia 77.691 espectadores para uma partida contra o Fort Lauderdale, no qual jogava o artilheiro alemão Gerd Müller.

O boom futebolístico ianque da década de 1920, que proporcionou um total de 200 mil espectadores para o Hakoah já na sua primeira turnê, não é reconhecido por muitos especialistas esportivos porque o futebol não conseguiu se afirmar permanentemente como um esporte de massa nos Estados Unidos. Contudo, para os jogadores profissionais europeus, os Estados Unidos da década de 1920 pareciam ser o país das possibilidades infinitas. O futebol foi compreendido pelos realizadores, de maneira nada sentimentalista, como parte de uma crescente indústria de entretenimento — um termo que ainda era desconhecido na Europa de então. Nos Estados Unidos o futebol já era então considerado *business*, com profissionais contratados bastante conscientes do seu próprio valor. O padrão de vida significativamente mais alto nos Estados Unidos possibilitou a jogadores europeus — que tinham vindo depois da Primeira Guerra sobretudo da Escócia e da Irlanda, mas também de Portugal — ganharem o dobro do que conseguiriam na Inglaterra. O nível do desempenho da American Soccer League (ASL) — como é relatado em fontes seguras da história do futebol, como o livro *Giving the Game Away*, de Stephen Waggs — permitia tranquilamente que se fizesse frente a equipes europeias em contendas na segunda metade da década de 1920. Andrei Markovits e Stephen Hellermann também não se cansam de apontar, em sua obra seminal *Im Abseits. Fußball in der amerikanischen Sportkultur*, para essa era esquecida da história mundial do futebol.

O Hakoah também perceberia isso. Depois de vencerem o primeiro jogo contra os Brooklyn Wanderers por 3 a 1 frente a um público de 25 mil espectadores, e de conseguirem um empate sem gols contra os Lavendars, bateram o New Yorker All Star Team por 4 a 0. Contudo, justamente o jogo com o recorde de público foi perdido por 3 a 0. O renome do Hakoah não se abalou de maneira nenhuma com essa derrota. Gus Manning — um comerciante imigrante, pioneiro do futebol vindo de Frankfurt e que posteriormente seria um importante funcionário americano do futebol — maravilhava-se em contar, mesmo décadas depois, que o Hakoah tivera 87 minutos de posse da bola nesse jogo. Isso pode ser interpretado como uma indicação sobre o estilo futebolístico do time, que ainda se dedicava ao controle de bola, com técnica aperfeiçoada e um harmônico revezamento de passes curtos. Mesmo as derrotas podiam parecer belas sob tais ditames. A luta das escolas futebolísticas também tinha abarcado o continente americano, como logo se pôde observar. A turnê dos vienenses — que também os levou a outros centros do futebol como St. Louis, Chicago e Filadélfia — fez crescer a fama dos artistas do futebol da Europa Central que conseguiam se afirmar contra os robustos jogadores da escola inglesa. De qualquer modo, Guttmann também deixou forte impressão sobre o *manager* do New York Giants. Seu camarada de equipe, o ambicioso jornalista Moritz Häusler, reportou a Viena: "Guttmann, que no penúltimo *match* em Nova York mostrou um desempenho nunca antes visto, foi assediado formalmente pelos *managers* depois do jogo. Nas negociações, mostrou-se muito cordato. O contrato que assinou o obriga a estar em Nova York em 1º de setembro. Ele receberá US$ 350 mensais e US$ 500 como luvas, e ainda poderá exercer uma segunda profissão." A equipe retornou a Viena mais uma vez com todos os jogadores, disputou o campeonato até o fim — chegaram apenas em sétimo entre os 13 clubes — e iniciou no verão mais uma viagem, dessa vez para a Polônia e a Letônia. Em 22 de setembro de 1926, Béla Guttmann fazia seu *début* nos Giants.

Essa primeira viagem do Hakoah para a América deve ter causado profundas impressões nos dois lados do Atlântico. Até essa data, como descobriu Werner Skrentny, somente três equipes europeias tinham feito turnê pelos Estados Unidos — amadores ingleses como o Pilgrims FC e o mundialmente famoso Corinthians, uma seleção que tinha sido fundada em 1882 para poder desafiar, como ingleses, os times de ponta escoceses, como o Queens Park e a seleção nacional escocesa. O Corinthians fez turnê mundial e, com seu uniforme desleixado e sua postura autoconfiante, representava o estilo *gentleman* no palco internacional. Muitos clubes ao redor do mundo foram fundados segundo o seu exemplo; o mais famoso deles até hoje é o SC Corinthians Paulista. Uma equipe feminina de Preston surgida durante a guerra enquanto os homens estavam no *front* — as *Dick Kerr Ladies* — também arriscou-se atravessar o Atlântico, e conseguiu resultados impressionantes contra times masculinos. Contudo, com a ampliação da American Soccer League em 1924 para doze times bem estruturados e com especialistas internacionais, as expectativas nutridas pelo público tinham aumentado. O Hakoah de Viena tinha sido a primeira equipe profissional de destaque da Europa continental a aparecer na América contra a qual os times de ponta americanos também podiam se confrontar. Não se comentava somente sobre a lavada contra o Paris e sobre suas bem-sucedidas turnês pela Europa e pelo Oriente Médio, mas também sobre o triunfo por 5 a 0 contra o West Ham United em 1923. Na propaganda, surgiu a partir desses êxitos o "campeão europeu" Hakoah — um título que então ainda não existia. Podia-se fazer uma publicidade realmente muito boa com esse 5 a 0, e a imprensa inglesa tinha dado um maravilhoso testemunho disso: "Eles realizam um futebol científico. Não um futebol de força, não um *kick and rush*, disso não gostavam nem um pouco. Ao contrário, eles faziam passes maravilhosos sem se entregar ao jogo de salto alto. Jogavam simples e tabelavam no espaço vazio. Dominavam a bola em velocidade e, em comparação a eles, os jogadores do West Ham tinham pés de chumbo." Nessa descrição de jogo do *Daily Mail* pode-se reconhecer com facilidade a combinação dos elementos húngaros e tchecos no jogo vienense: tabelas rápidas e simples com jogo no espaço livre — chamado de *mala ulica* pelos tchecos —, associado com excepcional domínio de bola e de corpo. A viagem do Hakoah despertou desejos também nos realizadores americanos. O grande interesse do público permitia esperar que uma quantidade ainda maior de espectadores pudesse se direcionar ao futebol devido a identificações étnicas. Nathan Agar, um dos mais ativos empreendedores do futebol à época, lançou um contragolpe, depois da contratação Guttmann, a estrela da turnê, pelos Giants. Para o seu time, os Brooklyn Wanderers, ele contratou durante o verão Kalman Konrad, o craque húngaro de ascendência judaica dos Amadores de Viena. A partir daí já não era mais possível conter o êxodo dos profissionais vienenses, judeus ou não judeus. Pelo menos dez jogadores importantes foram contratados em Nova York.

A atratividade da América para a cena futebolística de Viena é demonstrada pela revista especializada *Der Professional*, surgida juntamente com a liga profissional em Viena. A possibilidade de abandonar a Europa Central economicamente estagnada e partir para a "Terra Prometida" combina com o entusiasmo pela América que tinha tomado conta dos círculos visionários na Europa depois da Primeira Guerra Mundial. Jazz, esporte e novas danças gozavam de grande popularidade. Os profissionais viam seus projetos de vida como parte dessas experiências modernas. Sua autocompreensão misturava elementos de inteligência progressista com o sentimento de empregados autoconfiantes. O movimento trabalhista não conseguiu ser atraente para esse novo grupo profissional, pois os sociais-democratas e os comunistas da Europa continental rejeitavam a profissionalização como exploração, e propunham uma organização de entretenimento concorrente, na forma de um movimento esportivo dos trabalhadores. O novo metiê do profissional se movimentava entre trabalhador, empregado, *showman* e pequeno empreendedor em causa própria. No início da temporada de 1926, por exemplo, o pagamento por parte dos Giants provavelmente não se concretizou. Então, os jogadores empregados no Brooklyn Wanderers ajudaram de forma solidária. Ao mesmo tempo, olhava-se para todo lado em busca de outras oportunidades de ganhar dinheiro. As estrelas negras do futebol uruguaio e brasileiro também tinham tentado subir ao palco depois dos Jogos Olímpicos na Europa. Os atores vienenses em Nova York não se envergonhavam de apresentar obras de arte futebolísticas misturadas com canções em bares e cabarés. Em nenhum outro lugar o caráter espetacular do futebol moderno veio à luz tão cedo quanto na diáspora americana. Na revista *Professional* relatava-se para os colegas que tinham ficado em Viena, com alguma autoironia, de que forma a migração futebolística se realizava concretamente. Os artigos — escritos sobretudo por Kalman Konrad e Moritz Häusler — também escarneciam sobre boatos da imprensa vienense que exageravam, para melhor ou para pior, o que se passava no Novo Mundo. Caricaturas que mostram inclusive Béla Guttmann como um artista popular se misturam a depoimentos pessoais difíceis de serem levados realmente a sério.

Kalman Konrad logo ganharia o título de "Bernard Shaw do futebol". Além das brincadeiras com as quais ele temperava seus relatos de Nova York, os colegas recebiam também informações sérias. Primeiramente, ficou aliviado de ter que lidar com apenas um empreendedor futebolístico, e não com comitês e "fanáticos" — claramente uma profunda rejeição que partilhava com Béla Guttmann. "Negócios são negócios": esse lema não tinha nada de assustador para os imigrantes do futebol. Nos Brooklyn Wanderers, os jogadores tinham como chefe Nathan Agar, e nos New York Giants quem dirigia era o belga Maurice Vanderweghe. Hinos moralizantes sobre fidelidade ao clube e coisas semelhantes não são encontrados na *Professional*. Guttmann também tinha alergia a tais discursos. Falava-se mal das medidas dos campos, da condição dos assentos, dos maus modos dos árbitros caseiros e da dureza dos programas de competições. Em sua primeira temporada, Guttmann teve que labutar em 37 partidas da Liga e da Open Cup; no seu segundo ano (1927/28), disputou pelos New York Giants 48 partidas entre os dois torneios. Kalman Konrad contava também sobre planos de montar uma equipe do Hakoah em Nova York. Para alguns dos que ficaram em Viena, isso soava como uma promessa. De fato, organizou-se em 1927 uma segunda turnê do Hakoah pela América, apesar de a primeira já ter sido um desastre financeiro com um suposto prejuízo de US$ 30 mil — talvez seja esse um dos motivos pelos quais tenham havido tão poucos obstáculos para que os jogadores emigrassem de Viena.

Durante essa segunda turnê, Béla Guttmann e Max Grünwald, Moritz Häusler e Ernö Schwarz, receberam uma autorização especial para reforçar a equipe vienense. Mais uma vez o Polo Grounds ficou lotado, com 40 mil espectadores. Contra os New York Giants, um empate por 2 a 2. Outros jogadores ficaram em Nova York depois de terminada a turnê de cinco vitórias, cinco empates e três derrotas. O Hakoah não podia suportar uma tal arteriotomia por muito tempo. Depois de chegar em nono lugar na temporada de 1926/27, foi rebaixado na temporada seguinte.

*

Se hoje lermos na *Professional* os relatos sobre a primeira temporada americana, então observaremos, após uma idealização inicial das novas relações de trabalho, que o cotidiano futebolístico de então não era lá tão brilhante. O primeiro turno do campeonato não tinha sido satisfatório nem para os Brooklyn Wanderers nem para os Giants. Nathan Agar, proprietário dos Wanderers, se intrometia nas atribuições do treinador, e exigia modificações no sistema; o time deveria mudar para o estilo predominante na América, com dois laterais que flanqueavam o "tanque" ofensivo no meio. Vanderweghe, o chefe de Béla Guttmann nos New York Giants, por sua vez, permitia que se atuasse no estilo com que os jogadores já estavam acostumados. Contudo, dentro da equipe parece ter havido sérios conflitos a respeito disso: "Dois escoceses esclareceram que não queriam jogar no mesmo time de Häusler e Guttmann, e Grünwald e Schwartz também não os suportavam" — o núcleo duro do Hakoah de Viena! Para piorar tudo, havia ainda a ameaça de falência do mecenas Vanderweghe. Os profissionais americanos não levavam, portanto, uma vida sem preocupações. Segundo os relatos de Kalman Konrad, Guttmann deu "aulas de dança popular para os trabalhadores do porto" — uma afirmação que é mais para ser tomada *cum grano salis*, levando em conta a tendência de Konrad para a piada e a ironia. Desde que se começou a criticar o seu jogo combinatório de ataque, a antiga estrela dos Amadores de Viena estava se sentindo esportivamente cada vez menos à vontade no Novo Mundo. Em dezembro de 1926, Konrad fez elogios rasgados a Vanderweghe, o dono dos Giants, em comparação com seu próprio contratante Agar. E escreveu mais uma vez sobre Guttmann, que parecia ter seu dinheiro bem investido, pois supostamente tinha "comprado o maior bar de Nova York", mostrando assim ter mais tino para negócios do que seus colegas jogadores. Muitos vienenses já ansiavam pelo final da temporada no primeiro inverno rigoroso da Nova Inglaterra — mas não Béla Guttmann. Ele fez para si uma boa vida em Nova York, mesmo não tendo um desempenho esportivo tão destacado nos Giants. Em 1928, a estrela do meio-campo de Budapeste era um homem feito, e já jogava com a ideia de desembarcar do futebol.

*

Esse momento, no auge do sucesso social, Guttmann quis que seu biógrafo Jenö Csaknády preservasse. Ele contou aos seus jovens jogadores, depois da primeira vitória na Liga dos Campeões em 1961 contra o Barcelona em Berna, a respeito da sua vida em Nova York:

> Naquele tempo em Nova York eu era jovem, elegante e brilhante — enquanto tivesse muito dinheiro. O auge foi no final da década de 1920. Meu círculo de amigos girava em torno de mim. Todos riam alto, mesmo das minhas piadas medíocres; as damas se derretiam pelo meu charme, os homens se maravilhavam com minhas jogadas geniais nos negócios! Eu era, portanto, estimado e mimado como uma estrela por todos os lados. As coisas foram boas assim para mim até a memorável "Sexta-Feira Negra" de 1928, quando a maior quebra da Bolsa de Nova York desencadeou uma crise econômica no mundo inteiro. Ali perdi exatamente US$ 55 mil em dinheiro vivo — e então me vi com uma mão na frente e outra atrás. "Seu pobre louco": assim passei a ser cumprimentado a partir de então por todos os meus conhecidos, com um claro desprezo. Meus elogios espirituosos despertavam, no melhor dos casos, um sorriso compassivo em lábios femininos. Minhas melhores piadas não tinham efeito, e meus comentários mais animados, misturados com humor negro, eram simplesmente ignorados. Todos aqueles que antes se engalfinhavam para passar uma hora de bate-papo comigo de repente já não tinham tempo para mim. Fiquei como um cão danado: sem amigos!

Talvez tenha sido um mero erro de impressão que fez a "Sexta-Feira Negra" acontecer em 1928 e não em 24 de outubro de 1929.

Os jovens profissionais portugueses não devem ter reparado tanto no ano exato; mas a lição que Guttmann queria ter tirado da história — ou seja, que tinham que se preparar para a privação de amor, para o caso de falharem — igualmente entrou por um ouvido e saiu pelo outro.

*

Para Guttmann, esse momento de solidão depois de uma profunda queda parece ter sido de fato o ponto de inflexão em sua vida. O futebol era para ele, a partir de então, não mais um veículo para conseguir alguma outra coisa. O futebol tinha se tornado uma arma na luta pela própria existência. Em todas as suas contratações futuras, o que passou a valer para ele foi a esperança de garantir primordialmente, por meio do futebol, sua sobrevivência. Sua concepção de profissionalismo parece ter se cristalizado nessa época nos Estados Unidos. A partir de então, ele passou a encarar tanto o velho patriarca quanto novos proprietários mecênicos criticamente na mesma medida. A situação de crise em que os Estados Unidos se encontravam jogou-lhe na cara a necessidade de se servir do seu próprio entendimento. Ele superou o papel do jogador-estrela que só almejava altos cachês. E, justamente nesses tempos de crise mundial, decidiu permanecer nos Estados Unidos, apesar de a organização da Liga ter caído em monstruosa baderna já antes da "Sexta-Feira Negra". A ASL sucumbira em 1928 — talvez um motivo para Guttmann trocar os anos na sua fala aos jogadores do Benfica. Béla Guttmann, com a ajuda de Nathan Agar — que já sonhava havia muito tempo com uma equipe puramente judaica —, ergueu um New Yorker Hakoah que, em 1929, não conseguiria ganhar somente a recriada Eastern Soccer League — apinhada de times definidos etnicamente, como Hungaria, Hispano e Celtics —, mas também a National Challenge Cup contra o ascendente e favorito time da temporada, o Madison Kennel Club de St. Louis. Esse triunfo era equivalente a ganhar o campeonato estadunidense. Porém, inquietações e desorganização no futebol local exigiam sempre novas decisões. Béla Guttmann alternou entre os proprietários Agar e Vanderweghe, mas os próprios clubes alternavam nomes e proprietários: Hakoah All Stars Brooklyn, New York Soccer Club. No início de 1932 Guttmann concluía sua carreira como jogador nos Estados Unidos, com um total de 193 participações em jogos oficiais. A época de ouro do futebol nos Estados Unidos também já terminava. Em face da estagnação geral e duradoura, faltava dinheiro para conseguir novos jogadores. Havia poucos futebolistas jovens. A imigração de profissionais europeus tinha cessado havia muito tempo, e nas escolas e nas universidades praticava-se outros esportes. Béla Guttmann retornava à Europa para iniciar uma carreira como treinador.

*

Assim, apesar de ter falhado a expansão do mercado futebolístico para a América do Norte na década de 1920, criou-se, por meio da ligação com esse continente, um mercado mundial de futebol no qual o dólar americano tinha se firmado como principal moeda. Os clubes profissionais americanos também tentavam cobrir as pausas entre os jogos com viagens para poder financiar as equipes. Béla Guttmann parece ter se tornado então um consultor importante dos chefes do futebol. Na Costa Leste era muito fácil procurar contatos no Caribe e no Brasil. Jogadores desses países já tinham sido contratados na ASL. A viagem mais empolgante ao exterior, da qual Guttmann ainda se lembraria trinta anos mais tarde com incrível exatidão, levou-o no verão de 1930 com o Hakoah All Stars para a América do Sul. Depois de terem que engolir algumas derrotas no Brasil, a equipe recebeu, ainda durante a viagem, um convite para ir à Argentina. Guttmann era, segundo testemunho próprio, "pau para toda obra" no seu clube: jogador, treinador, *manager* e coordenador da turnê. Combinou-se amortizar 40% da receita bruta para o New Yorker, sem que se soubesse que na Argentina os sócios dos clubes não precisavam pagar entrada. Os grandes clubes em Buenos

Aires já tinham então cerca de 60 mil sócios. Mesmo jogos com 50 mil espectadores não garantiam grandes ganhos para as equipes visitantes. Além disso, não tinham calculado que ao mesmo tempo, na outra margem do rio da Prata, no Uruguai, realizava-se a primeira Copa do Mundo de Futebol, que conseguiu prender o interesse dos espectadores de Buenos Aires mais do que a equipe de Nova York. Aqui também tiveram que aprender do jeito mais difícil; os ganhos mal chegavam para pagar as despesas. Contudo, inestimáveis foram os contatos pessoais selados durante essa turnê de três meses. O futebol mundial tomava forma: a América Latina e a Europa estavam se unindo. A migração no futebol tinha encontrado havia muito tempo o seu caminho também para o sul. Uma anedota difundida por Guttmann confirma isso de maneira impressionante.

Quando a equipe do New Yorker Hakoah ainda estava no Brasil, um homem chamado Hirschel falou a Béla Guttmann em húngaro, assegurando-lhe que já o tinha visto jogar no MTK. Hirschel, que dizia ser açougueiro, ofereceu seus serviços de massagista. Uma vez que o time nova-iorquino tinha deixado seus fisioterapeutas em casa devido aos custos e a sua viagem de amistosos se alongava de maneira surpreendente, Guttmann contratou Hirschel como massagista depois de um teste em seu próprio corpo. Com esses méritos recém-obtidos, Hirschel conseguiu, depois de terminada a turnê, não só arrumar um emprego como fisioterapeuta, mas também se tornar, pouco tempo depois, treinador em um time patrocinado por fabricantes de conservas em Buenos Aires. Para tirar o melhor da situação, ele planejou, por meio de uma rápida demissão, conseguir a sua suspensão antecipada e o pagamento de um ano de salário para mandar buscar sua família na Hungria. Depois de algumas vitórias surpreendentes nos primeiros jogos, ele começou simplesmente a confundir linhas de ataque e de defesa, e teve até mesmo a ideia de colocar, depois das vitórias, os melhores jogadores no banco, lançando os reservas, que, por sua vez, lhe agradeciam com desempenhos extraordinários. Em vez de forçar uma demissão antecipada, ele conseguiu na verdade um sucesso retumbante com suas medidas pouco ortodoxas. Hirschel passou a acumular experiência com o novo metiê, e logo começou a preceder-lhe a fama de "treinador maravilha" — mas ele mesmo se perguntava como é que tinha chegado a essas vitórias. Ora, tinha questionado os hábitos arraigados do futebol, combatido o estrelismo e a acomodação e, diga-se de passagem, desenvolvido o *football brain* exigido por Herbert Chapman. Contudo, o que era verdadeiramente novo só pôde surgir a partir de uma mistura: a energia dos imigrantes para fundar uma nova existência e a esperteza para se adaptarem a uma nova situação social.

Béla Guttmann tirou ensinamentos semelhantes do tempo que passou nos Estados Unidos. Quando retornou à Europa, não tinha somente um grande conhecimento futebolístico, acumulara também experiência que o capacitava a perscrutar não somente o jogo, mas também as condições sociais dos diferentes modos de jogar. Seu conhecimento sobre o futebol mundial se pagou na final de 1962 em Amsterdã, quando encontrou o Real Madrid — a equipe de Alfredo Di Stéfano e Ferenc Puskás, a primeira a encarnar esse futebol global na Europa.

... e mais uma vez Puskás

No *match* que deveria se tornar o ponto alto da carreira de Béla Guttmann como treinador, o jogador que entendia mais da doutrina futebolística de Guttmann jogava pela equipe adversária. Ferenc Puskás tinha não somente marcado os dois gols que colocaram de cara o Real Madrid à frente no placar na final de Amsterdã em 1962, mas também deixado, aos 38 minutos do primeiro tempo, a sua equipe novamente à frente depois de o Benfica ter igualado o placar. Di Stéfano tinha saído da defesa e colocado o húngaro de maneira exemplar de volta à cena, como já fizera na jogada do primeiro tento.

Os dois grandes nomes, Puskás e Di Stéfano, representam a cara do futebol mundial cujo desenvolvimento se acelerava no final da década de 1950. A internacionalização do futebol tomava forma concreta e crescente, ano a ano, na Liga dos Campeões, muito mais do que nas Copas do Mundo realizadas apenas a cada quatro anos, e que voltaram à regularidade a partir de 1950. As desgraças econômicas do século XX tinham colocado em movimento uma migração futebolística na qual húngaros e argentinos desempenharam um papel-chave. As viagens demandada pelos jogos — todas feitas ainda de navio — que levaram Béla Guttmann às duas Américas, nas décadas de 1920 e 1930, tinham preparado um mercado mundial de futebol no qual o conhecimento técnico altamente diversificado era cada vez mais valorizado e requisitado. Durante a crise econômica da década de 1930, Guttmann se decidiu a princípio pelo papel de treinador de jogadores, que o traria em 1933 de volta a Viena para o Hakoah. Depois de um interlúdio em Enschede no Twente FC, de 1935 a 1937, ele retornou, por recomendação de Hugo Meisl, novamente para a Áustria, país que abandonaria outra vez um ano depois, após a anexação dele pela Alemanha nazista, fugindo em direção à Hungria.

Em Budapeste Guttmann logo conseguiu um emprego com bom salário na equipe do Újpest Dósza. Em 1939 venceu com ela o campeonato nacional e a Mitropacup. A assinatura de Guttmann pode ser percebida no escore de gols: 107 a favor e 26 contra, com vinte vitórias e quatro empates. Em 1939, numa furiosa série de finais, ele arrancou das mãos do rival local Ferencváros a Mitropacup, que, nesse meio-tempo tinha se tornado o mais cobiçado campeonato internacional de clubes europeus. Na semifinal, o Újpest tinha eliminado a Inter de Milão, então rebatizada como Ambrosiana, por pressão fascista.

*

Em 1938, a Hungria estava na final da Copa do Mundo contra a então campeã Itália, que após se fortalecer sistematicamente com jogadores argentinos repatriados, tinha se tornado uma das potências do futebol mundial. Guttmann não era o único profissional com experiência cosmopolita que tinha retornado à Hungria perto do fim da década de 1930. Antes disso, muitos jogadores húngaros tinham conhecido bem de perto o futebol europeu e o sul-americano. A partir desses jogadores com experiência internacional, recrutou-se uma geração de treinadores que, em concorrência e intercâmbio mútuo, elevou o futebol húngaro a um nível singular. O futebol de seleções nacionais dos anos 1930 tinha se tornado, em muitos países, um assunto de política de Estado. A Itália fascista tinha dado o tom com a construção de estádios financiada pelo Estado e com o projeto Copa do Mundo no próprio país, em 1934. Com Vittorio Pozzo tinha-se encontrado um treinador nacional que tentava combinar o sistema WM de Chapman com o virtuoso jogo de passes, aperfeiçoado na Áustria por Hugo Meisl. Pozzo chamou seu futebol mais defensivo primeiramente de *metodo*, e depois de *sistema*. O selecionado húngaro de fato perdeu seus jogos contra os italianos, inclusive a final da Copa; contudo, essas derrotas não foram criticadas como insucessos, mas sim discutidas longa e constantemente no círculo dos jovens treinadores. Experimentava-se com novas estratégias e táticas. Criticava-se sempre nas contendas a eficiência de que mesmo Hugo Meisl sentia falta no jogo vienense do *Scheiberl*.[3]

A Segunda Guerra Mundial, que fez da Europa Central o principal campo de batalha, interrompeu esse desenvolvimento do futebol. Os nazistas impuseram sua estrutura às áreas ocupadas por eles, inclusive no futebol; a unificação compulsória do futebol do Danúbio com o alemão não deu certo, e ao fim e ao cabo o austríaco acabou sendo rejeitado. O treinador do *Reich* Sepp Herberger usou por muito tempo o ímpeto de representação internacional dos nazistas para evitar que seus jogadores fossem despachados para o *front*. São mais espantosas ainda as condições sob as quais se jogava futebol durante a guerra. Os encontros internacionais de que a Alemanha tomava parte assumiam traços cada vez mais grotescos. Tornaram-se lendários os jogos de 1942 que se deram entre uma seleção alemã da *Luftwaffe* e um time de Kiev. A maioria dos ucranianos pagou pela vitória sobre os alemães com a deportação para um campo de concentração. E mesmo ali, nos campos de concentração, jogava-se futebol; há relatos de encontros bizarros entre times de guardas e de internos, dos quais logicamente os judeus eram excluídos. Mesmo nos países simpáticos aos nazistas, os jogadores judeus — como todos os judeus — não tinham segurança. O irmão de Béla Guttmann, que vivia na Hungria, morreu num campo de concentração. O próprio Guttmann nunca quis que viesse a conhecimento do público o que vivenciou nessa época. No seu espólio estão apagadas todas as indicações a respeito de sua estratégia de sobrevivência, e ele

---

3. Estilo que combinava passes rápidos e cheios de truques com um certo "humor austríaco". [N.T.]

ditou uma frase genérica que seu biógrafo Csaknády registrou num bloco de anotações, da qual não se pode tirar conclusão nenhuma. Guttmann queria ser conhecido no ápice da sua fama como um especialista em futebol, e não como um sobrevivente.

*

Com o fim da guerra, contudo, o futebol viveu um boom inesperado como passatempo nas paisagens em ruínas das cidades da Europa continental. Em todo lugar apareciam mecenas que alardeavam popularidade e promoção por meio do futebol. Não faltavam, na Hungria, treinadores que esperavam garantir uma possibilidade de sobrevivência com seu conhecimento sobre o esporte. Crianças e adolescentes, que tinham na cabeça imagens dos grandes boleiros de antes da guerra, sonhavam em viver do futebol. Futebol como meio de vida fazia parte de um cotidiano no qual o entusiasmo pelo esporte florescia como nunca. Béla Guttmann tentou encontrar um lugar nesse mundo como treinador, e Ferenc Puskás, como jogador, ambos ao mesmo tempo. Os seus caminhos voltariam sempre a se cruzar.

Contudo, os pontos de partida de cada um não podiam ser mais diferentes. Béla Guttmann tinha que se esconder das perseguições por parte dos nazistas alemães e dos fascistas húngaros filiados ao Partido da Cruz Flechada. O futebol passava então a oferecer a oportunidade de ressurgir do submundo. O aspirante clube Vasas Budapest foi fomentado por pessoas que viviam da produção e da venda de gêneros alimentícios. Nessa época de mercado clandestino e de inflação, Béla Guttmann fechou com eles um contrato que lhe garantia um pagamento de 50% de seus ganhos em produtos básicos: batatas, farinha, banha, açúcar e similares. Nas negociações, conseguiu garantir para si total liberdade de ação nos assuntos relativos ao jogo; contudo, os funcionários do clube também queriam seu lugar ao sol com a fama obtida pela equipe bem-sucedida. Em especial, dois mestres açougueiros pressionaram o treinador, na pátria do salame, a lhes informar a escalação do time na véspera do jogo, para que pudessem se gabar frente aos seus companheiros em noites de carteado. Guttmann recusava-se a conceder tais favores. Os ofendidos produtores de salame, então, dirigiram-se aos jornalistas do jornal esportivo *Népsport* e lançaram o boato de que Guttmann teria deixado o Vasas. Guttmann se demitiu de imediato, e já no jogo seguinte a equipe teve que se virar sem o treinador. Sua vontade de autoafirmação contra esses fanáticos de clube não tinha sido muito abalada, mesmo na época da mais extrema miséria material. Ele defendia a independência do treinador com relação a funcionários e presidentes onipotentes, em casos extremos mesmo a custo de desvantagem material. "Não sou nenhuma marionete", costumava dizer nesses casos, ele que tinha sentido na própria pele o caráter espetacular do futebol. Nem os melhores jogadores, as estrelas, opunham-se à inflexibilidade desse treinador quando ele via sua autoridade ser ameaçada. Mesmo um Ferenc Puskás teria que viver isso.

Depois dos casos desagradáveis ocorridos no Vasas, o presidente do Ciocanul Bukarest, Pista Kaufmann, ofereceu a Béla Guttmann a oportunidade de construir um time poderoso para esse sucessor do Bukarester Maccabi; um clube que, como o nome Maccabi denuncia, vinha da tradição esportiva do movimento nacionalista judaico. O industrial têxtil Kaufmann perseguia sobretudo o objetivo de impor derrotas impactantes sobre o seu concorrente, o fabricante de produtos de couro Mochonese Domnule (que também financiava um time da primeira divisão). E também aqui Béla Guttmann realizou, de 1945 a 1947, um trabalho completo por 700 dólares mensais e moradia gratuita. O time treinado por ele não só foi vice no campeonato nacional, contra todas as expectativas, como também faturou a Copa da Romênia. Porém, essa experiência revelou ser, ao fim e ao cabo, somente a participação em um jogo amistoso numa província onde o futebol não tinha a mesma importância que na metrópole futebolística Budapeste. Guttmann aproveitou a primeira oportunidade que teve e assinou um contrato com o seu antigo clube, Újpest, com o qual tinha conseguido, logo antes da guerra, ganhar o Campeonato Húngaro e, em seguida, a Mitropacup. Nem mesmo a perspectiva de ganhar o primeiro campeonato romeno conseguiu segurá-lo; porém, relata-se também que se encaminhavam graves conflitos entre Guttmann e funcionários de clubes romenos. Assim, restou-lhe somente o belo elogio do seu presidente: "Antes de Guttmann vir a nós, tudo o que os jogadores do Ciocanul sabiam sobre futebol era que a bola era redonda. Mas esse grande mago de Budapeste lhes ensinou tudo aquilo que faz parte do futebol belo e moderno. A partir dos nossos onze 'descalços' pedestres, o mestre G. formou o time romeno de jogo mais bonito jamais visto."

Enquanto isso, em Budapeste trabalhava-se uma revolução futebolística. Nos países com futebol profissional, os interesses dos clubes colidiam frequentemente com os da seleção nacional. Depois da guerra, o governo comunista da Hungria tentou resolver esse problema politicamente. Em primeiro lugar, concentrou o conhecimento e o poderio futebolísticos. Em seguida, encontrou em Gustav Sebes um homem de boa formação política e que não era reconhecido somente como especialista em futebol. Sebes tinha jogado antes da guerra no MTK, e também viajou com o clube em turnê pelos Estados Unidos em 1930. Tinha vivido muito tempo no exterior e comprovado suas capacidades de organização durante a bem-sucedida agitação dos trabalhadores da Renault em Paris. Sebes tinha, de fato, uma concepção política sobre o futebol do futuro, segundo a qual o futebol socialista deveria distribuir o potencial criativo das classes oprimidas num jogo de equipes cientificamente planejado. Incentivava-se a cooperação sistemática entre os treinadores experientes de diferentes clubes. A partir da discussão sobre vantagens e desvantagens do sistema WM entre treinadores e jogadores húngaros, surgiu toda uma série de experimentos com os quais se esperava desenvolver e aperfeiçoar o futebol de maneira sistemática.

Márton Bukovi, que tinha trabalhado na Iugoslávia e treinava então o famoso MTK, desempenhou um papel fundamental nesse contexto. Bukovi exigia que seus jogadores estivessem em condição de trocar a qualquer momento as posições previstas pelo sistema WM. Ele conseguiu os resultados mais surpreendentes com um centroavante recuado chamado Hidegkuti, que também estabeleceu o estilo da *Aranycsapat*, a "Seleção de Ouro" húngara. Interpretada ofensivamente, essa modificação conseguiu aumentar a eficiência dos meio-campistas, que se engalfinhavam no meio-campo no sistema WM comum. Gustav Sebes adotou essas inovações para a seleção nacional. O sistema húngaro foi aperfeiçoado por meio de uma divisão de tarefas entre um lateral defensivo e outro ofensivo, que flexibilizavam ainda mais o quadrado formado por meio-campistas e laterais no esquema WM. Assim, todas as posições podiam ser jogadas de maneira variável. Mesmo o goleiro Grosics era designado de maneira vanguardista como o quarto-zagueiro. Os laterais não tinham mais que ficar presos à linha, driblar e flanquear, mas podiam escolher por si mesmos posições com maior potencial ofensivo. Sebes mandou procurar por todo o país os jogadores aspirantes mais talentosos, e os concentrou em clubes da capital Budapeste para treiná-los no novo modo de jogo.

Os húngaros permaneceram no conceito básico ofensivo sob o comando de Sebes, e Béla Guttmann também tinha provado com o Újpest, logo após o seu retorno, que também cultivava o futebol ofensivo como sempre havia feito. Não foram só as suas estrelas do ataque, Gyula Zsengellér e Ferenc Szusza, que foram escaladas para a seleção húngara de 1947, mas também outros sete jogadores do seu time campeão. Contudo, Guttmann rompeu com os funcionários do clube Újpest, novamente no ápice do seu êxito. Depois da vitória na final do Campeonato Húngaro, ele quis se despedir dos seus jogadores que viajariam a Turim, e deu o resto do dia de folga aos demais. Um funcionário, esgueirando-se para o vestiário, pressionou para que fosse realizado um treino extra. "Senhor D.", teria dito Guttmann, de acordo com o seu próprio depoimento, "o senhor pode tranquilamente deixar para mim a responsabilidade de determinar quando e quanto os jogadores devem treinar. Pode ser que no seu escritório as pessoas deem muito valor à sua opinião, mas isso aqui é algo bem diferente." Quando o funcionário insistiu na sugestão, Guttmann esclareceu as consequências: "Se você, meu senhor, está tão convencido de seus conhecimentos técnicos, então sou completamente dispensável. Por favor, o senhor fique à vontade para assumir o meu posto. Não quero atrapalhar a sua carreira de treinador." Guttmann realmente se demitiu; sua atitude, porém, a qual fez questão de dar conhecimento a todos, serviu para consolidar sua autoridade. "Quando um treinador se submete a um jogador-estrela ou a algum funcionário, perde de uma vez por todas o respeito frente a todos os jogadores." Essa foi mais uma das dramáticas despedidas de Guttmann, que também podem ser vistas como uma luta contínua por reconhecimento. A profissão de treinador tinha para ele muito do trabalho de domador, que também só pode estar totalmente seguro de seu ofício enquanto o seu próprio medo não for farejado pelas bestas.

Guttmann não teve que esperar muito tempo para que surgisse uma nova proposta depois de sua saída do Újpest. O pequeno clube Kispest, que apesar de sua condição sonhava com um futuro grandioso, queria-o de qualquer maneira como treinador. Logo, Guttmann abrigou sob sua asa dois jogadores muito jovens que assumiriam papéis importantes nos planos futuros de Gustav Sebes: o velocista ofensivo Boszik, e um meia-esquerda de nome Ferenc Puskás, que tinha uma canhota assustadoramente potente. Com eles, Guttmann conseguiu alcançar à perfeição aquilo já tinha se tornado havia muito a sua assinatura própria: um futebol ofensivo cheio de finta. Puskás marcou, na temporada de 1947/48, 50 dos 82 gols do Kispest, e no campeonato seguinte o time chegou aos 94 gols. Boszik e Puskás tinham crescido como irmãos numa vizinhança pequeno-burguesa e proletária. Puskás conseguiu preservar a esperteza adquirida nos seus anos no mercado clandestino também no interior do sistema stalinista, no qual os jogadores possuíam exatamente aquilo de que os funcionários comunistas necessitavam com urgência: popularidade. Puskás tinha perfil de capitão; porém, na Hungria sacudida pela crise, ele já se sentia como uma estrela que podia se permitir alguns luxos. A Federação lhe autorizou até mesmo uma viagem à América Latina com a equipe arrivista do Ferencváros, pela qual conseguiu faturar US$ 1,5 mil. Essa soma era então suficiente para comprar uma casa na Budapeste destruída pela guerra. Mesmo os líderes do partido do novo sistema socialista queriam se aproveitar dos aspirantes jogadores de futebol vindos de condições precárias: estes queriam ser campeões olímpicos, e portanto não podiam ser profissionais. Porém, para mantê-los no país, era necessário oferecer-lhes melhores condições de vida. Nesse limiar de transição, Puskás e Guttmann entraram em conflito. Pouco antes do final da temporada, o time de estrelas da capital tinha que jogar em Győr; porém, o jogo decisivo seria realizado somente no fim de semana seguinte, em casa. Por isso, o treinador tinha passado orientações para que se evitassem lesões e expulsões em Győr. A partida, no entanto, se desenrolou mal, o adversário avançou com raça e chegou a marcar alguns gols. Patyi, o meio-campista alto e de ombros largos, não aguentou ver o adversário que deveria anular fazer dois gols, e tentou ir à forra. Guttmann tinha ameaçado substituí-lo caso insistisse nisso. Quando o adversário de Patyi marcou mais um gol no segundo tempo, o jogador perdeu a cabeça, fazendo com que Guttmann o mandasse para o chuveiro. Patyi hesitou, conversou com Puskás e ficou. Guttmann deixou a lateral do campo e se sentou na tribuna. Não retornou com o time, e escreveu em casa ainda na mesma noite uma carta de demissão, onde se lê: "Puskás destruiu a minha autoridade frente aos jogadores com a sua atitude! Com isso, está demolida a base para eu continuar meu trabalho bem-sucedido com o seu time."

Esse comportamento voluntarioso não agradou à associação de treinadores — claramente, o comportamento de Guttmann, não o de Puskás. O treinador foi suspenso por um mês por "ter abandonado seu clube da noite para o dia de maneira desleal". A história se desenrolou de maneira ainda mais infame. O sucessor de Guttmann como treinador do Kispest foi o pai de Ferenc Puskás, que, segundo especialistas, não se sentiu confiante o suficiente para recorrer ao mesmo tom de comando com as jovens estrelas como fazia o arrivista Guttmann. Isso não lançou uma luz muito favorável sobre Puskás, e os responsáveis pela Federação guardaram esse episódio como uma carta na manga para chantagear os jogadores. Um ano depois da saída de Guttmann, o Kispest se tornou o Honvéd, por ordem da direção esportiva comunista da Hungria, e a maior parte do futuro "time de ouro" foi transferida para esse clube. O Honvéd transformou-se, sob incentivos estatais, em uma das melhores equipes do mundo, e também disputaria mais tarde a Liga dos Campeões. Somente o MTK conseguiu preservar alguns jogadores — como o exemplar Hidegkuti, um centroavante recuado — e se fortalecer com outros que poderiam substituir os jogadores do Kispest na seleção nacional. A Copa do Mundo se tornaria logo um duelo entre esses dois clubes, que estavam sob o domínio conjunto do exército e do serviço secreto.

No final de 1948, a associação de treinadores tentou mais uma vez disciplinar Puskás quando ele, durante um amistoso em Sofia contra a Bulgária (o país-irmão comunista), sentiu-se permanentemente ameaçado pelos zagueiros búlgaros e não protegido pelo juiz;

no fim, perdeu a cabeça, agrediu dois adversários e xingou os funcionários húngaros após a partida, pois segundo ele estes o teriam deixado na mão. A consequência foi uma série de críticas a Puskás por parte da imprensa, que fizeram com que ele cedesse, e, na aurora do domínio stalinista na Hungria, escreveu uma verdadeira autocrítica na qual também lamentava os incidentes em Györ. Béla Guttmann teve em alta conta essa atitude de Puskás, que o reabilitou publicamente. Porém, também não suportaria que não lhe permitissem se entender com os jogadores mais talentosos do início da década de 1950. Guttmann nunca ocultou a sua admiração por Boszik e Puskás como dupla. Depois da vitória sobre o Real, ele disse: "Se Puskás tivesse tido Boszik atrás de si, hoje como dez anos atrás, então o Benfica não teria vencido a Liga dos Campeões pela segunda vez. O Benfica teria ficado impotente contra esses dois jogadores." Atrás de Puskás jogava Di Stéfano, numa retaguarda até demasiada, segundo a opinião de muitos.

*

Em 1949, Guttmann deu as costas à Hungria, o "país da florescente corrupção no futebol", e com toda certeza fez muito bem em abandoná-lo antes dos anos mais terríveis da ditadura stalinista. Mesmo quem queria se mover na cena futebolística de modo apolítico estava inevitavelmente envolvido na corrupção. Os jogadores húngaros que ganharam a medalha de ouro nas Olimpíadas de 1952 estavam sempre sob a suspeita de não serem amadores. Assim, depois de viagens ao exterior, chegou-se a acordos com a imigração dos quais os serviços secretos claramente estavam cientes. Os órgãos estatais tinham nas mãos material contra cada jogador e treinador, que poderia ser usado para chantagem caso necessário. Guttmann tinha escapado em 1949 de ser sujeitado a isso. Ele almejava um contrato com a Associazione Sportiva Roma quando chegou à Itália. Porém, aqueles que lhe tinham prometido uma vaga de treinador não puderam cumprir a promessa. Dessa forma, iniciou-se para ele uma odisseia de cinco anos pelo futebol profissional italiano.

Já nessa época, Guttmann teve que mexer muitos pauzinhos para poder viajar legalmente para a Itália. Lá ele queria enfim trabalhar como um profissional entre profissionais. Mas ainda reencontraria antigos jogadores. O Honvéd, com suas estrelas que mantinham uma inacreditável série ininterrupta de seis anos de vitórias com a seleção húngara (interrompida somente em 1954 pela derrota na final em Berna), tornara-se um hóspede muito bem recebido em jogos amistosos com clubes europeus de ponta. Em 1956, quando a agitação política em Budapeste se tornou ainda mais perceptível, tentou-se fugir dela com uma dessas turnês de amistosos. No início de novembro, enquanto os tanques russos esmagavam o levante, o time húngaro estava se preparando, na segurança do Ocidente, para a segunda rodada da Liga dos Campeões, contra o Athletic Bilbao. O jogo em Bilbao foi perdido por 3 a 2; o jogo de volta — que teve que ser transferido para Bruxelas — terminou em 3 a 3, eliminando o Honvéd. Antes e depois disso, eles se mantinham em forma com jogos amistosos, a exemplo de um empate por 5 a 5 contra um selecionado local de Madri. Com o dinheiro arrecadado, começaram a ser clandestinamente retiradas da Hungria ocupada as esposas dos jogadores. Entretanto, Gustav Sebes chegou a Bruxelas e tentou convencer o time a retornar à Hungria, mas Puskás tentava o contrário: "Tio Guszti", deve ter dito ao seu antigo treinador na seleção, "venha com a gente, e viajaremos na primavera todos juntos para casa". Sebes adoraria ter viajado junto com eles para o Brasil; uma tal viagem tinha sido planejada como recompensa já depois da Copa do Mundo de 1954, mas então ela teve que ser recusada devido à fúria popular em casa depois da derrota para a Alemanha. Como comunista convicto, contudo, Sebes também se sentia responsável pela situação na Hungria, e assim abdicou da sedutora viagem aos trópicos. Retornou sem seus jogadores para Budapeste, convencido de que eles não queriam mesmo permanecer na Champions League, preferindo aceitar a oferta da turnê sul-americana. Provavelmente ele já desconfiava que sua obra futebolística de uma vida estivesse destruída, e os jogadores que reconheciam Sebes como uma autoridade certamente também supunham isso. Em Viena o time esbarrou, antes de sua viagem, num desocupado Béla Guttmann que tinha sido mais uma vez vítima de uma intriga dos profissionais italianos. Puskás perguntou ao seu antigo treinador do Kispest, que havia muito já tinha perdoado a insubordinação de 1948, se ele não gostaria de acompanhar o time do Honvéd no exílio. Guttmann, já habituado com o futebol internacional na Europa e na América, aceitou.

Na final de 1962 em Amsterdã, Guttmann e Puskás eram dois migrantes futebolísticos que, nesse meio-tempo, tinham se tornado emigrantes experientes. Expressões como "peregrino" e "*globetrotter*" trivializam as dificuldades que os dois tiveram que superar em suas vidas, e também as coerções de que não conseguiriam escapar. Porém, tanto Puskás quanto Guttmann tinham se tornado aquilo o que eram por meio do futebol, e ambos estavam tomados pela crença de serem indomáveis — a não ser que tivessem cometido eles mesmos algum erro. Com Guttmann, estava na lateral do campo um treinador com experiência mundial, e com Puskás estava em campo um "treinador que jogava", como era definido com toda a admiração por Hidegkuti, seu colega atacante da seleção húngara. O negócio do futebol profissional tinha se tornado para eles um meio no qual poderiam se reconhecer mutuamente. O trabalho com Puskás no Kispest deú a Guttmann, como treinador, a possibilidade de divulgar uma geração de jogadores de futebol de rua, uma designação que Boszik e Puskás realmente mereciam. Futebol de rua à sombra de grandes modelos que estavam à vista no estádio, virando a esquina: isso prometia um futuro que permitia esquecer a guerra e o colapso da sociedade. Os jovens jogadores eram tomados da esperança de que podiam ganhar tudo. A essa crença e a esse amor pelo futebol ligavam-se os treinadores experientes no círculo de Gustav Sebes, aos quais um Béla Guttmann também pertencia. O seu *know-how* futebolístico lhes dava autoridade frente aos jovens jogadores, mesmo se estes se incomodassem um pouco com a história pregressa de emigração, fuga e vida no submundo desses mesmos treinadores. O respeito, porém, com que Puskás ainda falaria posteriormente sobre Sebes e Guttmann traduz a própria experiência de emigração, impossível de se compreender somente com *football brain*. Diferentemente de seu antigo amigo Boszik, Puskás decidiu-se contra a Hungria depois do retorno da América Latina, pois tinha sido ameaçado de sofrer penas severas por sua posição de capitão da equipe. O longo braço da Fifa permitiu aos funcionários da Federação húngara primeiramente impor a Puskás uma suspensão de dois anos sem competir, que durou de fato até meados de 1958. A seguir, a Inter de Milão retirou uma proposta, porém os milaneses certamente também tinham percebido que o atacante vinha ficando cada vez mais cheinho, mesmo treinando como visitante em clubes italianos menores. Assim Puskás chegou ao Real Madrid. Lá, era justamente Emil Österreicher, antigo *manager* do Honvéd e que tinha acompanhado o time juntamente com Guttmann no exílio, quem entrementes havia sido nomeado diretor técnico. Ele conseguiu convencer o presidente do clube, Santiago Bernabéu, a convidar Puskás. Puskás não queria acreditar que Bernabéu o quisesse tanto. Desesperado e receoso de que o presidente não tivesse percebido quanto estava fora de forma e por isso ainda pudesse retirar sua proposta, Puskás tentou chamar a atenção para os seus 18 quilos de sobrepeso. "Isso é problema seu, não meu", disse o patriarca. Puskás surpreendeu, com seus novos hábitos, amigos húngaros que o visitaram mais tarde na Espanha. No restaurante, ele pedia peixe e frutos do mar, o que não combinava muito com o *foie gras*, o leitão assado e o vinho denso de antigamente. Quando perguntado por que estava comendo assim, ele respondia: "Agora sou profissional." Guttmann teria gostado disso.

Em 1962, a aura monstruosa do pentacampeão da Liga dos Campeões Real Madrid, juntamente com seu plantel de estrelas internacionais, já não ofuscava mais os problemas que tinham que ser superados. A Béla Guttmann era perfeitamente claro que o Real tinha levado a pior no Campeonato Espanhol por várias vezes desde o início dos anos 1960, sobretudo contra o Barcelona. Por isso, o presidente Bernabéu tinha sempre que assumir novos riscos para poder acompanhar os demais clubes espanhóis — como por exemplo o rival local Atlético (antigo time favorito dos fascistas), o orgulho catalão Barcelona FC, e também o clube basco Athletic Bilbao. Puskás tinha que se acostumar rapidamente com o fato de que na Espanha a concorrência era mais forte do que na Hungria, onde, em sua época, todos os principais jogadores estavam concentrados em dois bons times. Já naquela época, mais do que em qualquer outra na Europa continental, os torcedores espanhóis e sócios dos clubes tinham se tornado um potencial social e econômico, e Bernabéu percebeu isso. A construção do estádio Santiago Bernabéu, com capacidade para 100 mil espectadores, financiada pelo próprio, fez frente a arenas que na verdade não eram de clubes, mas de nações — como o estádio Nep em Budapeste, o Prater em Viena e o Wembley em Londres. Somente o grande rival Barcelona, com o Camp Nou, possuía um estádio com dimensões tão imensas quanto aquelas. A enorme concorrência entre os clubes, também uma expressão das rivalidades regionais específicas e politicamente carregadas da Espanha, não permitia que os jogadores se escondessem em campo, como era possível fazer na Hungria sob a proteção do regime. Forma física foi a condição para a integração de Puskás. Apenas para fazer frente e acompanhar o velocíssimo ponta-esquerda Gento, ele tinha que estar sempre pronto para sair em disparada. Contudo, ninguém superava o capitão do Real, Alfredo Di Stéfano, em vontade de vencer, prontidão e ambição. A posição que obviamente estaria reservada a Puskás na Hungria desde seus dias no Kispest cabia ao argentino em Madri. Ele era o primeiro da fila, e Puskás o último. Não obstante, o emigrante aprendia rápido e sempre mostrou a Di Stéfano seu respeito, que este, por sua vez, retribuía: no último jogo da primeira temporada de Puskás no Real, em 1958/59, ambos estiveram entre os artilheiros do campeonato, com 21 gols cada. Quando teve a chance de marcar um gol pouco antes do final da partida, Puskás, percebendo que Di Stéfano estava livre, preferiu abrir mão e passou a coroa de artilheiro para o argentino. De todo modo, nos quatro anos seguintes o rei dos artilheiros no Campeonato Espanhol acabou sendo Puskás. O húngaro era o complemento ideal ao jogo de Di Stéfano que, como centroavante, gostava de ficar mais recuado para poder avançar partindo em direção à área; Puskás, por sua vez, avançado na meia-esquerda, podia aplicar tanto suas habilidades de armador quanto ameaçar o gol adversário. O que o tinha marcado em seu jogo conjunto com Hidegkuti, marcou-o também na parceria com Di Stéfano, que, além disso, era um lutador tenaz e irresistível. Por experiência própria, Puskás incentivava Di Stéfano a jogar mais à frente, de modo a poder acioná-lo com maior perigo de gol. Na final da Liga dos Campeões contra o Eintracht Frankfurt, disputada em 1960 em Glasgow — que entrou para os anais da história como uma das partidas do século —, a exibição perfeita da equipe madrilenha deixou todos maravilhados. Os escores falam por si: Puskás três gols, Di Stéfano quatro. Nessa época, Béla Guttmann estava ganhando a taça e o campeonato portugueses com o Benfica de Lisboa.

Ferenc Puskás e Béla Guttmann se assemelhavam no que diz respeito à confiança absoluta na vitória. Puskás teve sorte, apesar das terríveis turbulências do pós-guerra sobre sua terra; sempre jogou nas melhores equipes, que na verdade eram só três: Kispest/Honvéd, o Aranycsapat e o Real Madrid. E ele podia alardear o fato de nunca ter sido comprado nem vendido: o Real Madrid pôde contratar o jogador então sem time como um homem livre, e em Santiago

Bernabéu ele tinha encontrado um presidente patriarcal que também ficou ao seu lado quando teve problemas com Luis Carniglia, seu primeiro treinador no clube. Com o diretor técnico Emil Österreicher e o treinador Miguel Muñoz, Bernabéu criou uma estrutura estável que permitiu a Puskás chegar às finais da Liga mesmo com quase 30 anos de idade.

*

Condições tão seguras, como as que Puskás viveu durante sua emigração para o Ocidente, Guttmann só podia ver em seus sonhos. Quando deixou a Hungria em 1949 em direção à Itália, depois do seu conflito com Puskás, ele já tinha o firme objetivo de treinar um dos melhores escretes dali. Porém, não conseguiu se locomover bem na selva do futebol profissional italiano, composta de contatos, dignitários, intrigas e subornos. Treinadores estrangeiros eram até então uma exceção na Itália; a licença nacional para treinadores (que ele não possuía) podia se tornar uma cilada. Desesperado, acabou assinando um contrato em Pádua, depois do fracasso de suas tentativas em Roma. Ali teve que lidar com uma presidência honorária extremamente provinciana, que se aproveitava de modo deprimente da situação desvantajosa do húngaro. Béla Guttmann tinha que trabalhar com um time "pequeno"; no seu contrato, só eram generosas as premiações, especialmente se conseguisse ganhar pontos contra grandes clubes em jogos no exterior. No futebol italiano tinha se constituído, logo depois do voo fomentado pelos fascistas, um sistema de duas divisões com poucos favoritos, como a Juventus de Turim e os dois clubes de Milão, o AC Milan e a Internazionale (a Inter), que então não precisava mais ter "Ambrosiana" no nome. Porém, mesmo pequenos clubes estavam começando a adquirir *know-how* futebolístico. Pouco antes disso, o Padova Calcio tinha contratado o Dr. György Sarosi, um velho artilheiro do Ferencváros. Porém, nessa ocasião a licença da associação húngara de treinadores foi novamente revogada. Sarosi não veio, mas ficou com a bolada. Depois dessa péssima experiência com Sarosi, Guttmann esteve sempre sob a suspeita de ser um húngaro em quem não se podia confiar.

O presidente do clube Padova Calcio, um fabricante de açúcar chamado Cesaria, e seu corpo diretor composto por outras cinco cabeças, faziam com que Guttmann sentisse o tempo todo quanto era dependente deles. Porém, ele tomou para si a tarefa de formar, a partir de uma equipe que mal tinha condições de chegar à primeira divisão, um time que também pudesse fazer pontos contra grandes clubes no exterior. E, de fato, em 1949, festejou-se uma estreia sensacional na temporada. Depois da 14ª rodada, o Padova só estava atrás da Juventus e dos dois grandes de Milão. Béla Guttmann guardou essa tabela e a exibiu para meio mundo como um troféu. No fim, a Juve foi campeã no outono, e o Padova ficou em segundo lugar. Guttmann tornou-se popular, e a diretoria aproveitava o lugar ao sol conquistado pelos surpreendentes êxitos do time que, contudo, não poderia manter aquele alto nível. De repente houve uma intriga contra ele: um jogador iugoslavo, que tinha sido trazido de um campo de detenção, deixou-se manipular, depois de ter sido colocado no banco de reservas, para participar de uma campanha contra Guttmann. Ele acusou o treinador de negociatas ilegais de jogos e de extorsão. Guttmann sempre se manteve longe de tais negócios e avaliava somente a qualidade futebolística de jogadores à disposição, porém a imprensa esportiva italiana se agarrou com fúria aos boatos. O Padova caiu na tabela, e a diretoria o demitiu quando o time ocupava a 15ª posição. A reputação estava arruinada, ninguém lhe pagava o que devia, e ele foi suspenso pela associação italiana. Guttmann foi a juízo e perdeu, mas recorreu da decisão. Ele tinha se afirmado como profissional no mundo dos negócios do futebol. Só que ele não conhecia a Itália. Isso determinou também a escolha do seu clube seguinte. Para a próxima temporada, de 1950/51, quando o ladrar dos cães já não botava mais medo, ele assinou com a Triestina, candidata ao rebaixamento. Porém, como ele mesmo veio a confessar, não gostou do estilo de negociação do presidente, que também lhe prometera ajuda judicial para restaurar a sua reputação. Não havia dúvidas quanto ao estado do time: no contrato havia uma cláusula que lhe concederia um prêmio caso o time não fosse rebaixado. Nunca mais ele assinaria um contrato com uma cláusula como essa.

Com o Triestina, Guttmann conseguiu permanecer na primeira divisão. Durante as negociações para prolongar seu contrato, ele quis que a cláusula de não rebaixamento fosse substituída por uma premiação pela conquista de um lugar no terço superior da tabela. Ele recusava grandes propostas para se comprometer por períodos mais longos. Seus processos andavam bem, mas ele vinha sendo atingido por altas contas de honorários advocatícios. Em campo, foi acometido por uma maré de azar, e já em setembro de 1952 foi demitido. A diretoria do clube em Trieste agiu de maneira mais séria do que a de Pádua, e pelo menos seguiu pagando o seu salário. Este, porém, foi penhorado, pois o advogado de Pádua ainda tinha acusações contra Guttmann, apesar de este ter entrementes ganho seu processo com outro advogado. A fundamentação para sua demissão era curiosa: ele não teria tido sorte. Futebolisticamente ele tinha ensinado muito ao time, porém agora era necessário um treinador com sorte. A diretoria de Trieste também mostrou a Béla Guttmann que ali não era realmente o seu lugar. Ele seguiu sendo um funcionário assalariado que podia ser mandado embora em caso de necessidade, e para o qual a diretoria poderia jogar a responsabilidade em caso de emergência. Nesses primeiros anos na Itália, Guttmann gozou de reconhecimento como especialista, mas por outro lado sentiu na própria pele a desvalorização desse saber. Sua tendência posterior de negociar de modo ferrenho condições melhores de trabalho pode ter tido sua origem nesses primeiros anos de aprendizado na Itália. Ele nunca confiou em relações de longo prazo no futebol.

Depois desse duplo fracasso, Guttmann fugiu por um ano do paraíso de profissionais que era a Itália. Porém, ele não conseguiu dizer não quando o Milan lhe propôs, em 1953, que assumisse como treinador, depois de um arrolhado início de temporada na série A. Guttmann estava escondido no Chipre quando o telegrama vindo de Milão o alcançou. Certamente é difícil de acreditar que a sua série espetacular de vitórias com o Apoel Nikosia tenha impressionado os diretores do clube milanês. Porém, a maneira com que falhou com os clubes pequenos, como o Padova e a Triestina (que tinham jogado tão bem contra tantos grandes clubes), deve ter chamado a atenção deles para o treinador. Em 1947, o triestino Nereo Rocco tinha começado justamente na Triestina a lançar as bases sistemáticas do *Catenaccio*, que viria desenvolver depois no Padova. Esse estilo foi desenvolvido então para fazer frente aos grandes clubes das cidades do norte da Itália, que vinham com suas estrelas internacionais. Porém, um treinador como Rocco foi arrebanhado mais tarde pelos próprios grandes do norte. Dessa forma, o *Catenaccio* pôde ser variado e refinado. Guttmann já tinha se confrontado com esse estilo desde muito cedo; ele tentou enfrentá-lo com o futebol ofensivo, que era o desenvolvimento da escola húngara de futebol. Porém, no início dos anos 1960 Helenio Herrera e Nereo Rocco estavam constituindo definitivamente os dois grandes clubes milaneses na linha defensiva, contra os quais um Benfica sem Guttmann não conseguiria mais se afirmar. Talvez Béla Guttmann nunca tivesse ido ao Benfica se tivesse podido realizar sua obra-prima como treinador em 1955 em Milão.

Finalmente, Guttmann não conseguiu voltar a trabalhar, como antes da guerra, com grandes jogadores como Zsengellér, Puskás e Boszik. O Milan contava com o "Grenoli", o apelido popular do ataque central sueco que tinha batido a Itália na Copa do Mundo do Brasil em 1950: Gunnar Gren, Gunnar Nordahl e Nils Liedholm. Os milaneses já estavam atentos com relação aos três quando asseguraram à Suécia a vitória nos Jogos Olímpicos de 1948. Em 1949, os três começaram em Milão carreiras admiravelmente longas como profissionais; mesmo mais tarde, Liedholm e Nordahl fizeram parte da seleção mundial imaginária de Guttmann, composta pelos melhores jogadores que treinara. Porém, para esse time fictício escalou também Juan Schiaffino, que considerava um meia-direita do mesmo nível do meia-esquerda Puskás. O Milan tinha conseguido Schiaffino do Peñarol, de Montevidéu, quando Guttmann era treinador, depois de o atleta ter sido campeão do mundo com o Uruguai em 1950 contra o Brasil, o favorito que entrara em estado de choque, e depois de ter sido eliminado por 2 a 4 nos acréscimos de um jogo memorável contra a Hungria na Copa do Mundo da Suíça, em 1954. As doutrinas futebolísticas húngara e austríaca não eram desconhecidas nem dos suecos nem dos italianos do início da década de 1950. O exemplo mais notório do lado húngaro, Lajos Czeizler, não só contribuiu decisivamente para o incremento no desempenho do futebol sueco desde que começou, em 1943, a treinar o IFK Norrköping, como também foi campeão italiano em 1950 com o Milan. O segredo? Só uma palavra: "Grenoli". Em 1954 chegaram a confiar a Czeizler a seleção italiana, que na verdade tinha que digerir uma derrota humilhante sofrida para o "ferrolho suíço", a defesa suíça concentrada e estruturada pelo treinador Karl Rappan. Apesar disso, Czeizler foi chamado depois, muito respeitosamente, de "Buda do futebol italiano". O AC Torino, clube que no final dos anos 1940 ditava tendências, cultivava um futebol ofensivo e com frequência se lançava sobre seu adversário com sete atacantes. Quando Béla Guttmann assumiu seu cargo em Milão no ano de 1953, Nereo Rocco tinha conseguido se afirmar contra a Triestina com o seu *Catenaccio*, contudo ainda não em Pádua, e muito menos contra os grandes clubes do norte.

Contribui para a reputação de Guttmann o fato de ele ter conseguido negociar bem com a diretoria do Milan. Ele não fechou apenas os honorários líquidos de primeira, mas garantiu para si também a autocracia esportiva. Seu malsucedido predecessor, Ettore Puricelli, um antigo atacante uruguaio que tinha chegado a jogar com as grandes estrelas sob a batuta de Czeizler, foi afastado. Agora Guttmann tinha que conquistar o respeito de um time de estrelas. Na sua vida como treinador até então, ele tinha sido sempre o homem experiente que os jogadores tinham que respeitar. O que teria ele ainda para ensinar às estrelas mundiais do Milan? Em primeiro lugar, Guttmann intensificou o treinamento, cujo vigor e amplitude até então eram determinados pelas estrelas do time. Guttmann tentou ganhar os jogadores para exercícios com bola por meio da brincadeira no jogo. Em fotos sempre é visto em roupa de treino, apresentando ele mesmo os exercícios e também em campo com os jogadores sob a garoa inclemente de Milão. Guttmann também procurava desafiar a inteligência de jogo: palestras com o quadro tático eram parte permanente do programa. Perguntas capciosas dos jogadores macacos-velhos não o tiravam do sério. Guttmann sabia que a diretoria do clube estava sob enorme pressão pública depois da decepção no início da temporada, e por isso provocou um conflito com uma nova aquisição argentina, muito cara, de nome Reccardi, que declarou, sem papas na língua, que não se dava bem com seu novo papel no sistema de Guttmann. Como o treinador tinha dezenove jogadores *top* de linha à disposição, declarou ao rebelde que fosse procurar outro clube, caso não estivesse em condições de desempenhar a função a ele atribuída. As estrelas perceberam que o novo treinador não estava para brincadeiras, e começaram a aceitar o seu estilo futebolístico. O Milan iniciou uma sensacional busca por recuperação que levou o time, depois dos três primeiros meses perdidos, a um honroso terceiro lugar na série A da temporada de 1953/54.

No verão de 1954, o Milan tinha contratado o uruguaio Schiaffino, chamado respeitosamente de "El maracanãzo" desde sua grande atuação na final da Copa de 1950 no estádio carioca. O ataque do Milan, com o poderoso artilheiro sueco Gunnar Nordahl, começava então a entrar em funcionamento. Era o início de uma série sensacional de vitórias: depois de sete jogos, conseguiram catorze pontos e nenhum perdido[4]; depois dez jogos, nove vitórias, um empate e um escore de gols de 27 a 5 — uma média de quase três gols por jogo! Béla Guttmann se tornou o baluarte do futebol ofensivo. Ele considerava sem sentido as discussões sobre o *Catenaccio* que se seguiram à Copa do Mundo (cujo resultado foi pouco memorável para a Itália). Ora, o seu time não estava mostrando como o futebol italiano podia ser bem-sucedido e, ao mesmo tempo, bonito? Isso despertou muita inveja. Quando vieram as primeiras derrotas — entre outras, um 1 a 0 para a Sampdoria de Gênova, que Lajos Czeizler estava treinando —, cresceram as dúvidas quanto ao otimismo de Guttmann. Trabalhava-se em público contra ele. Além disso, ainda existiam contatos entre Czeizler, seu antigo jogador Puricelli e membros da diretoria do clube milanês. Teceram-se intrigas, e Guttmann não queria se defender por meio da imprensa. Quando a liderança na tabela foi pelo ralo por apenas um ponto depois da 19ª rodada, a diretoria do Milan o demitiu. Seu sucessor foi Puricelli, tirado da reserva. Uma honra profissional entre os treinadores era algo que existia, no futebol italiano dos anos 1950, tanto quanto na Hungria dos amadores de fachada, de onde Guttmann fugira em 1949.

Em 1955, o AC Milan foi campeão italiano de futebol, e pôde participar da Liga dos Campeões da Europa, que era então realizada pela primeira vez. Os jogadores — e isso é excepcional no negócio do futebol — sabiam, contudo, muito bem quem os tinha guiado na melhoria de seu desempenho. Todas as estrelas milanesas, inclusive

---

4. Na época, uma vitória rendia dois pontos, e não três como hoje, ao time vencedor. [N.E.]

o argentino enquadrado por Guttmann, assinaram uma carta de despedida datada de 18 de fevereiro de 1955 ao "Caro Mister!". O time campeão e o ex-treinador chegaram a se encontrar ainda uma vez. Para coroar o final da temporada, a diretoria do clube milanês convidou o time do Honvéd Budapest de Puskás para um jogo amistoso, para logo depois festejar, em um banquete festivo, o *scudetto*, o troféu do Campeonato Italiano. Os húngaros convidaram para essa ocasião festiva o seu antigo treinador da época do Kispest, que também os tinha deixado em discórdia. Os jogadores milaneses também sabiam disso. O capitão Gunnar Nordahl, que tinha sido artilheiro italiano também nessa temporada, não agradeceu, em seu discurso à mesa, de maneira bem-comportada, somente à diretoria (que não tinha nem mesmo mencionado Guttmann), mas dirigiu-se diretamente ao treinador húngaro e lhe entregou uma insígnia de ouro na qual estava gravado: "Béla Guttmann, treinador AC Milan, campeão italiano de 1954/55". O antigo rebelde Puskás tinha conseguido para seu velho treinador a honrosa gratificação que os *gentlemen* milaneses lhe haviam negado.

Como desaparece o fardo de ser estrangeiro

Grandes finais deslocam os limites da realidade. Algo que nunca foi visto traz um encanto que enfeitiça os olhos das testemunhas. Contudo, mesmo para aqueles que não estiveram presentes, os relatos têm que soar verossímeis, não podem se limitar a contos retirados da grande caixa dos eternos mitos do futebol. Deve-se deduzir, a partir das reportagens e gravações que se tem, o que seria aquilo que até então nunca tinha sido visto. O caráter da final afiança o testemunho incomum de uma grande massa de espectadores. Apesar de as filmagens serem apenas fragmentárias, 200 mil espectadores atestam a excepcionalidade da final da Copa do Mundo de 1950, quando os uruguaios Schiaffino e Ghiggia fizeram os brasileiros se calarem. E mesmo os 100 mil no Hampden Park de Glasgow (que em 1960 se deixaram enfeitiçar pelo Real Madrid e pelo Eintracht Frankfurt naquele 7 a 3) não fazem o termo "jogo do século" parecer um exagero. Mas não parece mesmo exagerado, já que, dois anos depois, deveria se realizar supostamente o melhor *match* que dois clubes jamais haviam disputado, ou seja, Benfica *versus* Real? Se as fotos restantes de Glasgow ainda documentam a superioridade do jogo madrilenho sobre o Eintracht, o filme de Amsterdã de dois anos depois mostra dois times quase do mesmo nível e que jogam na balança tudo o que têm a oferecer. A mobilização de todos os recursos que tinham levado o Benfica um ano antes à vitória na final contra o FC Barcelona era ainda mais fascinante em 1962, porque então *ambas* as equipes jogaram os noventa minutos no limite de suas possibilidades. Ao Real Madrid faltava um pouco da sua famosa leveza, uma falta que talvez se devesse menos à idade dos protagonistas (que jogariam no mais alto nível ainda por anos a fio) do que à pressão exercida pelo futebol ágil dos portugueses. Sem atentar aos placares de 0 a 2 e 2 a 3, Guttmann tinha voltado a investir no espírito ofensivo com o qual seu novo talento, Eusébio, pressionava cada vez mais para trás o regente madrilenho Di Stéfano. Isso despertou mais uma vez, mesmo que inutilmente, a vontade indomável desse homem que, no fim do século, seria venerado como "o melhor jogador europeu de todos os tempos" — apesar de, na verdade, ter aprendido o artesanato futebolístico na Argentina. Assim como na história de Béla Guttmann, as diferenças continentais se fundiam na vida de Di Stéfano num novo amálgama de conhecimento e experiência futebolísticos. Guttmann conhecia as cantoneiras às margens do rio da Prata nas quais Di Stéfano havia crescido. No final da década de 1930, era um jogador ainda muito jovem para ser alistado pela Itália fascista, e depois do fim da guerra os grandes clubes italianos já tinham abdicado da procura por jogadores novatos.

*

A Itália era como um ímã para o futebol profissional desde muito cedo no século XX. A partir de meados da década de 1920, o país tinha iniciado uma campanha internacional de recuperação, que foi coroada pelas duas Copas do Mundo de 1934 e 1938. Os fascistas italianos financiaram a construção de estádios e não se opunham ao profissionalismo, diferentemente de como depois se posicionariam os nacional-socialistas alemães. A Liga Italiana se tornou atraente para treinadores estrangeiros, sobretudo aqueles vindos da monarquia do Danúbio. A partir de 1927, os clubes italianos de ponta passaram a participar da Mitropacup, na qual Béla Guttmann tinha obtido seus primeiros êxitos em 1938 como treinador do Újpest Dósza. Adicione-se a isso o fato de que os responsáveis políticos se recordavam das raízes italianas de muitos imigrantes latino-americanos. Sobretudo no Uruguai e na Argentina — os países que lideravam o futebol latino-americano das décadas de 1920 e 1930 —, havia muitos jogadores destacados cujos pais tinham emigrado da Itália. Contudo, descobria-se talentos também no Brasil, a potência futebolística emergente. A Itália atraía com dinheiro e passaportes, e já no início da década de 1930 a ameaça representada pela emigração maciça de jogadores ítalo-brasileiros era tão grande, que os sul-americanos se viram obrigados a legalizar a profissionalização. Foi a época em que Béla Guttmann apareceu pela primeira vez no rio da Prata com seu time *All-Star* de Nova York. Os caminhos se cruzavam: enquanto jogadores da América do Sul seguiam o chamado sedutor do eldorado europeu, o fluxo de emigrantes que fugiam dos conflitos na Europa ia na direção contrária. Desde a tomada do poder de Hitler na Alemanha, a situação na Europa Central ficava cada vez mais difícil, sobretudo para os judeus, pois outros regimes fascistas e autoritários — como os governos da Hungria, da Romênia e da Polônia — também demonstravam sem disfarces sua postura antissemita. O fluxo de imigrantes judeus para a América Latina estancou; nas cenas futebolísticas do Uruguai, da Argentina e do Brasil da década de 1940 esbarrava-se também, cada vez mais, sobretudo entre os treinadores, no *football brain* vindo da Europa Central.

Se a América Latina tinha sido um destino muito cobiçado como fuga dos destroços da guerra e das perseguições, no início da década de 1950 a relação de forças econômicas se deslocou novamente a favor da Europa Ocidental. Mais uma vez, a Itália era vista — com seus grandes clubes bem-estruturados, de forte poderio financeiro e estádios modernos — como a Cocanha do futebol moderno. Para os negócios internacionais oferecia-se uma Copa Latina, em cuja lista de vencedores pós-1949 consta, além do Milan, do Real Madrid e do Barcelona, também o Benfica. Esses clubes já tinham virado suas antenas havia muito tempo para a América do Sul. Espanha e Portugal, que não tinham participado da Segunda Guerra, foram mais rápidos que os italianos, e conseguiram estabelecer contatos esportivos com o outro continente — e num caso especial isso teria consequências imprevisíveis para a cultura europeia do jogo na década de 1950 e no início da de 1960.

A ascensão do Real Madrid à vanguarda europeia estava intimamente ligada à contratação do argentino Alfredo Di Stéfano, que atendia de fato pelo apelido *El Alemán*, mas que tinha crescido como filho de imigrantes italianos. Na Argentina do início da década de 1930, o futebol ainda era um campo disputado entre a alta classe anglófila e uma mistura local de estabelecidos e *outsiders* que cultivavam um "estilo crioulo". Na foz do rio da Prata, também se mantinha distância do *kick and rush*, a forma de futebol jocosamente chamada na Argentina de "estilo aéreo", na qual os ataques eram conduzidos com bolas altas lançadas aos atacantes, o que exigia sobretudo rapidez e forma física. Por outro lado, o jogo notoriamente "argentino", cujo interesse central eram passes curtos e precisos, e dribles inesperados, era um verdadeiro "estilo terrestre". Esse futebol argentino foi elevado a um determinado nível no período entre 1941 e 1947 pelo River Plate de Buenos Aires, devido à sua irresistível força de ataque chamada respeitosamente de *La Maquina*. As descrições do seu modo de jogo se leem como uma antecipação do Carrossel Holandês de Johann Cruyff da década de 1970: gabavam-se por ter substituído o sistema de pirâmide de passes por um sistema 1-10. Como num motor rodando em ciclo, a bola deveria ser passada para o próximo homem livre até que só tivesse que ser chutada a gol. Para tal sistema era imprescindível a mais extrema precisão, e além disso cada jogador deveria ter a capacidade de assumir qualquer posição a qualquer momento. O jovem Alfredo Di Stéfano começou aqui, apesar de não ter pertencido desde logo à divisão de elite. Ele trouxe novas qualidades para o jogo que lhe renderam as alcunhas de *La Seta Rubia* e *El Alemán*. "Flecha loira" e "Alemão" sinalizavam rapidez e força de vontade — do ponto de vista crioulo, momentos tradicionais do futebol europeu.

Quando os grandes clubes europeus recomeçaram o seu *head-hunting* (do que Béla Guttmann também se aproveitaria) depois do fim da Segunda Guerra Mundial, Di Stéfano já não jogava mais na

Argentina, mas no Millonarios de Bogotá, na Colômbia. Lá tinha se iniciado, em 1949, uma selvagem liga profissional que fazia uso de um constante conflito trabalhista no sul do continente e oferecia a jogadores dissidentes da Argentina uma possibilidade de seguirem jogando futebol. Jogadores do River Plate constituíam a espinha dorsal da equipe do Deportivo Municipal Bogotá, chamado então de *ballet azul*. César Luis Menotti, o treinador da equipe argentina campeã do mundo em 1978, caracterizou Di Stéfano de maneira precisa: "Quando saiu do país, Di Stéfano tinha um grande legado em sua mala, o legado da *Maquina* do River Plate. (...) Ele acrescentou a isso o seu temperamento e a sua dinâmica, mas deve-se saber que ele não ganhava somente por causa dessas características. (...) Ele possuía a grande capacidade de passar o seu estilo a outros."

Em 1952, numa turnê comemorativa em Madri, Di Stéfano não foi notado somente pelo presidente Santiago Bernabéu, mas também por Josep Samitier, que tinha defendido em momentos alternados o Barcelona e o Real como jogador, mas que trabalhava então como espião para o Barça. Em um acordo questionável, Di Stéfano foi contratado pelos catalães, mas o Real também o reivindicava. Controversos valores pelo passe foram pagos para Bogotá e Buenos Aires. Nesse meio-tempo, o novo homem devia jogar alternando um ano no Barcelona e outro no Real. Contudo, o orgulho catalão não permitiu isso, e eles acabaram abrindo mão do jogador portenho. Na verdade, é mais provável que Ladislao Kubala tenha se oposto a uma mudança de Di Stéfano para o Barcelona. Kubala, um eslovaco vindo da Hungria, a estrela no centro de ataque do Barça, tinha vindo para a metrópole catalã depois de empreender uma fuga espetacular do Leste. Béla Guttmann também o contava entre os melhores jogadores que tinha treinado. O atacante tinha saído da Hungria logo depois da tomada do poder pelos comunistas, e foi suspenso pela Fifa, assim como Puskás mais tarde. Kubala também tinha composto em 1950, depois de um primeiro êxodo, um time húngaro do exílio que batia tudo o que tivesse algum nome ou posição em jogos amistosos disputados na Espanha. Sua contratação na Itália falhou, apesar das numerosas propostas, assim como as do Real, que também tinha interesse nele; Kubala, porém, foi parar no Barcelona. Como conhecedor do futebol húngaro, ele ajudou seu clube a contratar os atacantes Kocsis e Czibor, do time dos sonhos do exílio depois de 1956. Os três juntos compunham o temido centro de ataque dos catalães, e fizeram frente em Berna, na final da Liga dos Campeões de 1961, à equipe do Benfica treinada por Guttmann.

Béla Guttmann pôde renovar o seu conhecimento sobre a cultura húngara do jogo e sobre os fenomenais jogadores húngaros durante a viagem à América Latina, empreendida pelo time exilado do Honvéd em 1956/57. Puskás pediu, muito oportunamente, para que ele acompanhasse o time durante essa turnê. Desde o memorável reencontro deles no banquete da vitória do Milan, em 1955, sua relação com os negócios do futebol na Itália não tinham melhorado nem um pouco. Com o Lanerossi Vicenza, ele tinha mais uma vez assumido o comando de um candidato ao rebaixamento, depois da sua aventura milanesa. Como nos seus primeiros anos em Pádua e em Trieste, voltou a descobrir, também nesse momento, talentos como Mario David, Mirko Pavinto e Azeglio Vicini — este último viria a ser posteriormente o treinador da seleção italiana. Apesar de alguns sucessos que chamaram a atenção, ele acabou pisando outra vez nos calos de funcionários e dirigentes que o faziam se sentir pressionado e incomodado dentro do vestiário. Ele expulsou um dos cavalheiros dirigentes para fora; contudo, tal comportamento vindo de um funcionário do clube, mesmo que justificado, não seria tolerado pela diretoria. O treinador tinha que ir.

Por toda sua vida, Béla Guttmann tentou redefinir o papel do treinador de futebol. Ser aceito como *gentleman*, da maneira que um

Hugo Meisl foi reconhecido como um igual entre inúmeros dignitários, era algo que um batalhador como ele jamais poderia esperar. Ele tinha fugido da política futebolística opaca e de relações pouco claras que existia em um país socialista como a Hungria. Ele agora queria ser avaliado e estimado, como *expert* comprovado, somente segundo o critério do desempenho, ao qual se opunham os clubes profissionais conduzidos por dignitários. Mas os dirigentes dos clubes italianos estavam longe de ser os *gentlemen* que tentavam parecer para o público. Na visão deles, os jogadores eram um material mais ou menos valioso; já os treinadores eram somente empregados substituíveis com os quais se podia ter sorte ou azar. Béla Guttmann não queria estabelecer somente uma relação comercial de parceria profissional entre presidentes e treinadores, mas também colocar a relação entre jogadores e treinador sobre uma nova base: o treinador deveria ser o especialista a ser aceito como autoridade com base na sua grande experiência, tanto no futebol quanto na vida. Ele deveria provar seu valor frente a jogadores e diretores por meio de conhecimento e capacidade futebolísticos. Relações racionais de trabalho deveriam substituir as tradicionais relações de dependência. Béla Guttman falharia com esse conceito na Itália, como teve que admitir no final da década de 1950.

*

Sobre as condições caóticas no futebol de clubes argentinos e brasileiros, Guttmann não poderia ter tido ilusões. Em nenhum dos dois países tinha-se conseguido organizar um campeonato nacional até então. Apesar disso, Guttmann já tinha viajado várias vezes ao Brasil e à Argentina em épocas de crise financeira e pessoal. Em 1952, depois das suas primeiras experiências decepcionantes na Itália, procurou na companhia de sua esposa alento na casa de amigos que tinham emigrado para a Argentina. Em 1953, aceitou uma proposta do Quilmes, então na segunda divisão, e dirigiu o time em apenas quatro partidas. Outra proposta, feita em seguida pelo Boca

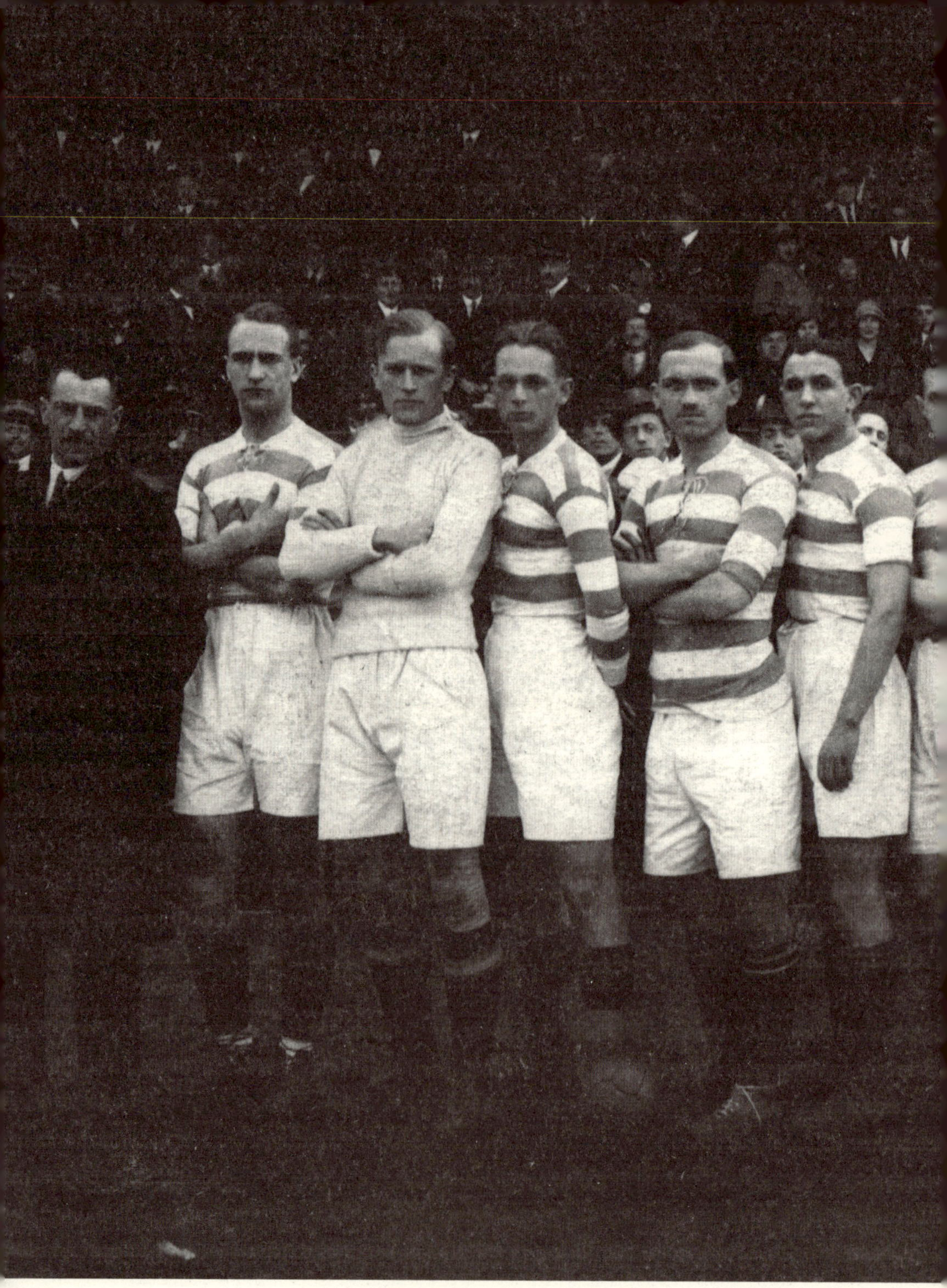

Béla Guttmann no time do MTK de Budapeste, 1919/20

Juniors (que então dispunha de um plantel medíocre), foi rejeitada por ele. O abismo entre as suas próprias demandas e o potencial disponível em Buenos Aires parecia-lhe grande em demasia.

Maior ainda deve ter sido a expectativa que havia em 1957 com relação ao São Paulo FC. O Paulistão, o campeonato do estado onde também jogavam os famosos SC Corinthians Paulista e Santos FC, tinha que ser vencido depois de uma seca de três anos. Às vésperas da Copa do Mundo de 1958, foram discutidos também novos métodos com os quais se poderia enfim apagar a dupla desonra de 1950 e 1954. Chamou-se de "A batalha de Berna" a acirradíssima semifinal na qual a Hungria eliminou o Brasil em 1954. Também por isso a equipe do Honvéd causara grande alvoroço na sua chegada ao Brasil. Discutia-se amplamente na imprensa brasileira o *know-how* futebolístico dos húngaros. Havia jogadores talentosos no Brasil, disso se estava mais que consciente; porém, como seria possível montar times que também tivessem condições de se colocar lado a lado com os europeus no quesito eficiência? O futebol ofensivo húngaro parecia combinar-se com perfeição às expectativas do público brasileiro por um *jogo bonito*. Guttmann sabia que sua equipe húngara acabaria se desmantelando depois do retorno à Hungria. Nesse momento no Brasil, contudo, identificava-se o treinador com o maravilhoso futebol húngaro. E ele não deixou o bonde passar quando recebeu a proposta para ser treinador do São Paulo FC.

Guttmann mal tinha começado a trabalhar, e em 1957 já se falava de uma revolução húngara no futebol do São Paulo. Em primeiro lugar, surpreendeu com o treinamento de duas horas diárias, que Guttmann realizava pessoalmente pela manhã com os zagueiros, pela tarde com os atacantes, e também alternadamente. Muitos não acreditaram que um senhor de 57 anos de idade ainda aguentaria fazer isso sob o clima tropical. Um de seus predecessores, Dori Kruschner — também um emigrante húngaro —, não sobrevivera ao desgaste causado pelo emprego de treinador no Brasil. Guttmann, porém, atribuía essa morte menos ao clima e mais à pressão da mídia e ao estresse das intrigas, que também logo viriam a prejudicar sua vida. Hoje em dia, Kruschner — chamado de "Mago de Viena" — é tido como o técnico que trouxe o sistema WM para o Flamengo, em 1937. E Béla Guttmann também convenceu os jogadores, por meio de demonstração pessoal e conversas individuais, sobre as vantagens de um jogo sistemático de passes. Até o goleiro — para quem ninguém dava bola no Brasil, exceto quando falhava — recebia um treinamento especial de duas horas diárias. Mas Guttmann tinha concebido algo especial para o São Paulo. Em torno do então já veterano Zizinho, com 37 anos de idade, criou um novo time que combinava jogadores experientes e novos talentos.

Zizinho tinha sido contratado do Bangu, clube que desempenhou de várias maneiras um papel de pioneirismo no futebol brasileiro. Fundado como time de uma firma inglesa, tinha-se decidido no Bangu já muito cedo permitir que trabalhadores brasileiros também jogassem e, como consequência lógica do incipiente profissionalismo, admitir jogadores negros. Nos altos escalões do clube, onde quem reinava era a classe elitista, houve um choque a princípio, que depois veio a arrefecer por força da contratação de jogadores negros. Contudo, sempre houve reveses no futebol brasileiro. Com frequência, jogava-se sobre os supostos indisciplinados negros a responsabilidade por derrotas. Muito pior do que na Itália, abriram-se abismos sociais entre elitistas diretorias brancas e jovens jogadores mal-alfabetizados, advindos de condições sociais mais humildes e que temiam voltar a sumir no isolamento em caso de má conduta.

Guttmann tentou criar um *esprit du corps* [espírito de equipe] por meio de disciplina rígida e orientação individual. A vida noturna tropical depois das 23 horas era tão proibida quanto o carteado a dinheiro no centro de treinamento. Guttmann contava com sessenta a setenta jogos por ano, o que somente um profissional nas melhores condições físicas poderia suportar. Ele não precisava ensinar aos seus jogadores o futebol-arte e os dribles, mas sim tirar deles o medo de chutar a gol. Em muitos jornais da época leem-se relatos sobre treinos concentrados de chute a gol. É difícil de acreditar nisso quando se assiste às transmissões televisivas da Copa do Mundo de 1958. Porém, os artigos de jornal sobre o São Paulo de 1957 falam por si. O país parecia estar pronto para essa revolução. Certamente não era só o aprendizado da técnica de chute que o treinador Guttmann queria demonstrar ele mesmo para os jogadores, mas também o fortalecimento da autoconfiança no jogo, que ajudava a suportar as tentativas frustradas — sempre acompanhadas pelas vaias da torcida — antes de poder tentar novamente. Essa corrida incansável com chutes de todos os lados viria a se tornar uma marca inconfundível do time do Benfica. Contudo, cada jogador individual só conseguiria melhorar a sua autoestima por meio da integração em uma equipe. Guttmann fez do mal uma virtude: quando choveram críticas após as primeiras derrotas, utilizou o clima de animosidade a fim de aprimorar o time para um novo estilo. O jogo com o centroavante recuado, desenvolvido de maneira tão exemplar pelos húngaros com Hidegkuti, levava em princípio a uma flexibilização do antigo sistema WM. O time dos sonhos húngaro, contudo, sempre foi fraco na defesa, que só era possível fortalecer quando nela se colocavam quatro jogadores física e tecnicamente superiores, que conseguissem inclusive interceptar as longas bolas lançadas pelo adversário. Quando o adversário aumentava a pressão, os dois meio-campistas poderiam também ser recuados. Assim, quatro atacantes tinham à sua frente todas as possibilidades, pelos flancos ou pelo meio. Nascia o sistema 4-2-4, com o qual o Brasil ganharia a Copa do Mundo um ano depois.

*

Ninguém menos que Ferenc Puskás, que então conhecia bem a cena, reiterou várias vezes o fato de Béla Guttmann ter desempenhado um papel decisivo na popularização do sistema 4-2--4 pelo mundo. Uma das declarações mais marcantes do atacante húngaro aparece em várias entrevistas, coletadas entre 1993 e 1995 por Rogan Taylor e Klara Jamrich no seu livro *Puskas on Puskas*. De maneira curiosa, Puskás mistura conhecimentos sobre o trabalho de Guttmann com elucubrações sem confirmação biográfica:

> O antigo treinador, Béla Guttmann, morava em Viena, e estivemos lá antes de virmos para o Brasil. Fazia pouco tempo que ele tinha trabalhado com o Kispest, no final dos anos 1940, e depois de algum tempo em Israel e em Portugal, lá estava ele na Áustria. Ele foi um treinador muito experiente e capaz, e perguntamos a ele se viria conosco para a América do Sul, o que aceitou de pronto. Quando retornamos à Europa, ele permaneceu no Brasil e introduziu alguns elementos do sistema 4-2-4 (que nós tínhamos desenvolvido), com a substituição de dois centroavantes mais à frente — que se alternavam com os ponteiros — e com uma defesa avançada que podia apoiar o ataque.

Puskás estava tão certo a respeito dessa capacidade de Guttmann de intermediar os dois continentes, que repetiu diversas vezes essa afirmação. De onde ele tirou as informações sobre as estadias de Guttmann em Portugal e em Israel, isso ninguém sabe.

*

Mesmo para uma revolução no futebol, as condições necessárias tinham que maturar. Béla Guttmann não era o único que estava causando essa mudança no futebol brasileiro, mas em São Paulo ele estava no centro das transformações. O grande tático Gyula Mándi, que tinha trabalhado muito próximo a Gustav Sebes na formação do selecionado húngaro, também chegava ao Brasil em 1956 e se inteirava de tudo sobre o novo estilo de jogo no América FC. No Rio de Janeiro alguns clubes também já tinham começado a investir no *football brain*. A tática e, por consequência, o papel do treinador obtiveram importância social comparável à que tiveram na Hungria dos anos 1940. Porém, foi só com o surgimento de modernos recursos de jogo que se pôde produzir novos jogadores que entendiam as suas funções no time e que eram capazes de assumir esses papéis com confiança. Muito pouca atenção se deu à equilibrada defesa do campeão mundial Brasil, cujo núcleo duro tinha sido formado por Guttmann no São Paulo: Mauro, Dino e de Sordi. No Santos havia contra eles um jovem adversário muito bem dotado: Pelé. O treinador da seleção na Copa, Vicente Feola (chamado de "O gordo"), também vinha do São Paulo; era, portanto, um beneficiário da revolução de Guttmann, e conhecia muito bem os jogadores do Paulistão. O sistema 4-2-4 ele trouxe na bagagem a partir do treinamento com Guttmann. Porém, ele também teve que ser convencido a substituir os arrivistas jogadores brancos por jovens talentos de pele negra; pois era disso que se tratava. Os treinadores judeus exilados tinham as melhores condições disponíveis para esse experimento no futebol de clubes: justamente a experiência própria que adquiriram ao construir a carreira desde que eram *outsiders* olhados com desconfiança até se tornarem os principais protagonistas. Há uma frase que se atribui a Béla Guttmann: "Tenho sempre dois vícios [*Laster*] a carregar, um deles é porque sou estrangeiro aonde quer que eu vá, e o outro é porque sou judeu." Provavelmente há aqui um problema de transmissão ou de tradução. Guttmann nunca teria falado de vícios [*Laster*], mas sim de fardos [*Lasten*]. Esse dito lembra o antigo lamento judaico: "Difícil é ser judeu." Com ele, conseguia-se encontrar fôlego para suportar as demandas incompatíveis de se permanecer fiel à tradição dos antepassados judeus e simultaneamente portar-se como um indivíduo emancipado. O movimento esportivo nacionalista judaico tinha prometido tirar esse fardo dos ombros de jovens judeus. Podia-se fazer coisas modernas que judeus tradicionalistas nunca tinham feito — como justamente jogar futebol — sem ter que renegar a própria condição. Béla Guttmann, contudo, conquistou seus grandes êxitos como treinador fora da esfera do movimento sionista. Seu dito tardio sobre a condição judaica e de estrangeiro reflete o dilema da ascensão individual: tanto um judeu quanto um estrangeiro no centro da atenção pública tornam-se facilmente um objeto de agressão, pois permanece sempre no papel de um estranho de quem, de modo ambivalente, espera-se muito mais do que de um nativo.

Dupla página seguinte: o time do Benfica de Lisboa durante um treino. No meio, Eusébio; o treinador Béla Guttmann corre ao lado, 1962

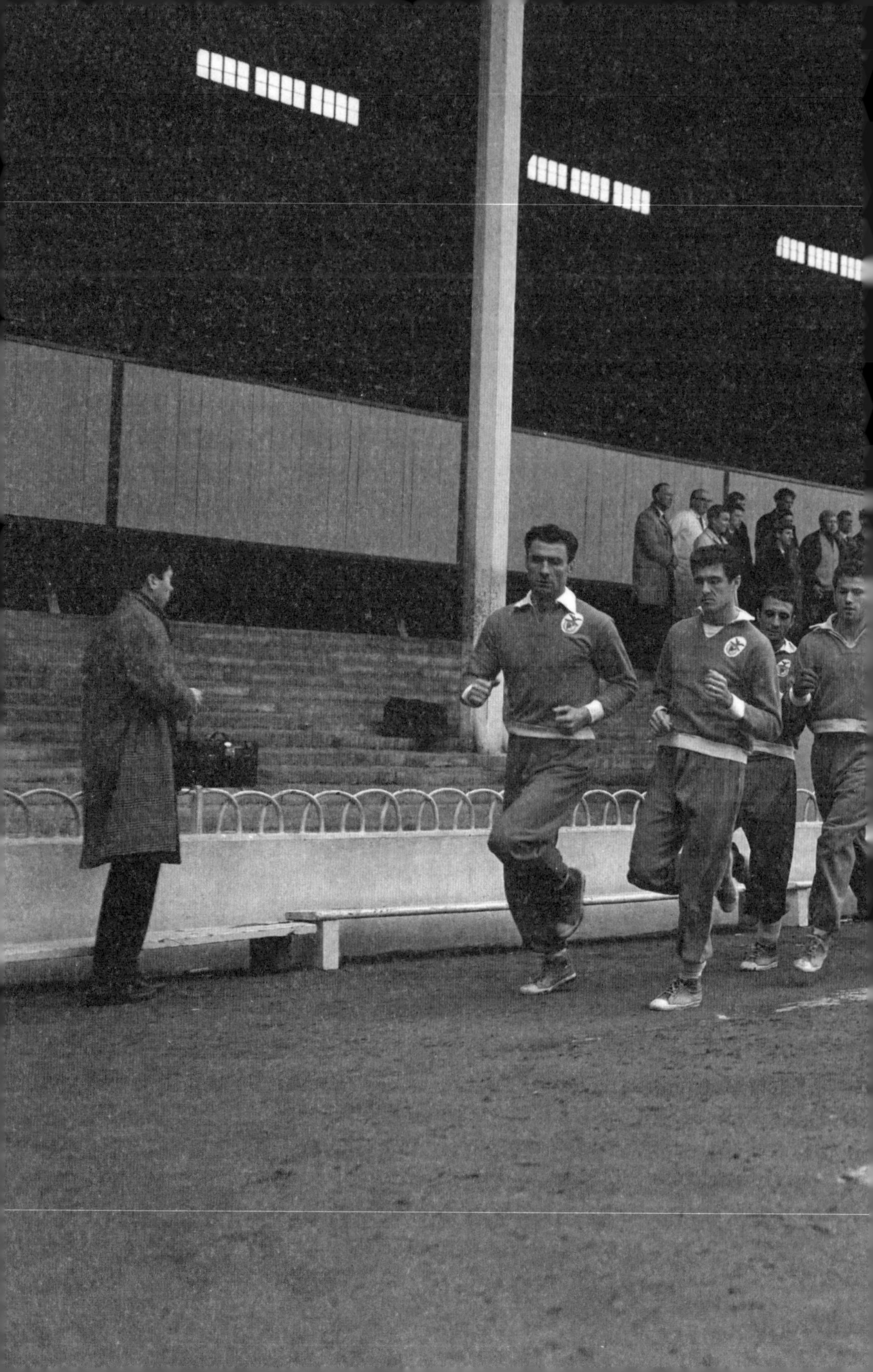

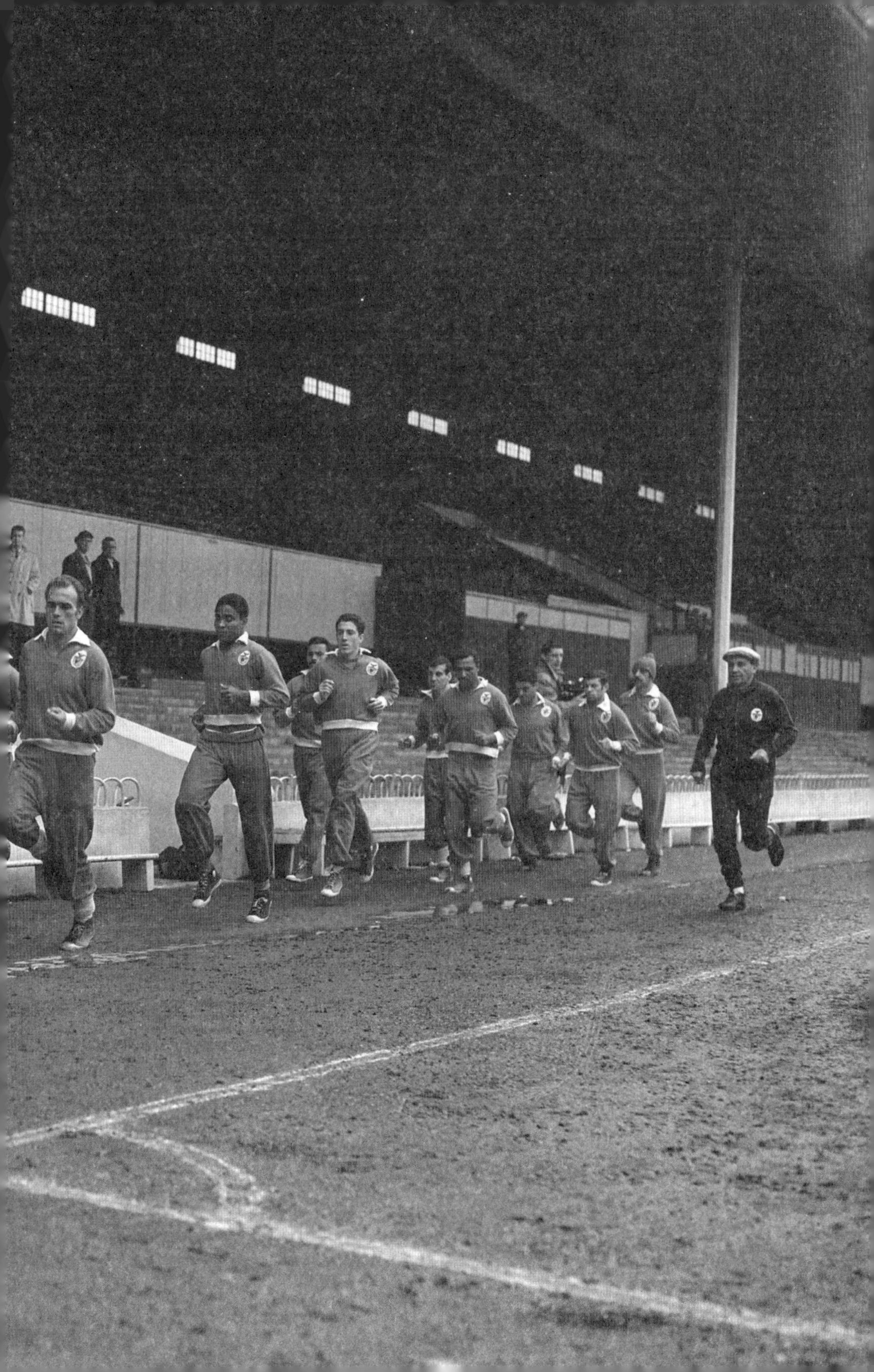

Sophia Loren em visita ao FC Milan; à direita, Béla Guttmann

O deslocamento continental lusitano

Muita coisa no futebol se conhece de ouvir falar. Todo mundo gosta de dar o seu próprio relato sobre jogos, de ouvir relatos sobre jogos que não se pôde assistir. Notícias das páginas esportivas são frequentemente acusadas de serem imprecisas. Não se deveria confiar no resultado, pois a exatidão de tabelas e estatísticas com frequência está em oposição frontal à inexatidão de reportagens cheias de opinião. Na Copa do Mundo de 1958, na Suécia, os europeus também puderam descobrir com seus próprios olhos a exigência técnica e tática com que o futebol podia ser jogado num alto nível atlético. O Brasil deixou na Europa uma impressão inesquecível, e a televisão realizou para a massa do público a utopia concreta de estar lá com os olhos, mesmo se encontrando longe do acontecimento. Mas até a introdução da televisão via satélite, isso só se deu dentro do continente. Com a Copa do Mundo de 1962, no Chile, o acontecimento mundial visto da Europa se ampliou novamente para uma distância inalcançável. Transmissões diretas ainda não eram tecnicamente possíveis. Assim, só se ouvia falar do jogo truculento que vitimava as grandes estrelas. Ficou na lembrança europeia de 1962, como destaque televisivo, a final em Amsterdã da Liga dos Campeões entre Real Madrid e Benfica, que pôde ser acompanhada na telinha por milhões de espectadores. O filme televisivo, entrementes muito piorado e escurecido pelas precárias condições dos refletores, permanece como um manifesto do futebol ofensivo cheio de velocidade. É necessário assistir mais uma vez com atenção para perceber por que o Benfica conseguiu vencer os favoritos de Madri. No final, quem fez a diferença foi Eusébio, autor dos gols decisivos do 4 a 3 e do 5 a 3. Porém, não foram ações isoladas que o levaram à posição decisiva para a conclusão, mas sim a pressão criada sistematicamente por uma equipe de *outsiders* que jogava no ataque. Béla Guttmann fez com que o estilo brasileiro de jogo, consagrado desde a Copa de 1958, encontrasse o seu caminho para o futebol europeu.

*

Depois do seu sucesso brasileiro com o São Paulo FC, Guttmann queria retornar à Europa. O reconhecimento mais elevado era, para ele, o posto de treinador de seleção nacional: durante toda a sua carreira o cargo de treinador da seleção austríaca sempre lhe pareceu muito próximo de seu alcance. Depois da Copa na Suíça — quando a Áustria de fato perdeu de maneira desestimulante por 6 a 1 na semifinal contra o escrete de Herberger, embora tenha conseguido em seguida alcançar o terceiro lugar contra as estrelas do Uruguai —, o futebol austríaco ia ladeira abaixo. Depois do fim da guerra, Viena não era mais a metrópole futebolística dos anos 1920, e o futebol profissional estava acabado desde a anexação da Áustria à Alemanha nazista em 1938. O último grande futebolista de renome internacional, Ernst Ocwirk, o meio-campista do Austria, mudara-se logo para a Sampdoria, de Gênova. Mesmo assim, em 1958 o cenário não parecia tão grave, quando Béla Guttmann ainda acreditava poder contribuir com o seu conhecimento. O futebol de seleções e o futebol de clubes ainda se moviam em dimensões e velocidades diferentes. Herberger tinha mostrado na Alemanha, desde 1954, o que também era possível obter dentro de um sistema de semiamadores, mas com treinamento sistemático, para um selecionado nacional. Por outro lado, do futebol profissional italiano e espanhol surgiram de fato equipes nacionais magistrais, mas durante as copas nem a Itália nem a Espanha dos anos 1950 e 1960 conseguiram ter sucesso. Foi justamente essa desigualdade que fez com que dirigentes na Alemanha e na Áustria acreditassem por muito tempo que não tinham que criar uma liga profissional. Apenas com a contínua contenda internacional entre clubes, nas copas europeias realizadas anualmente, é que houve pressão para a mudança que levou, no início dos anos 1960, à introdução do estatuto do profissionalismo na Alemanha e na Áustria. Porém, em 1958 a Federação Austríaca de Futebol ainda era administrada de maneira totalmente amadora. Houve a tentativa de seduzir Guttmann a sair do Brasil com a promessa do cargo de treinador da seleção; ao fim e ao cabo, no entanto, não foi possível contratar um treinador que ganhara renome no futebol profissional internacional de clubes com as condições contratuais correspondentes às de um treinador nacional. Dessa forma, no outono de 1958 Béla Guttmann ainda estava indeciso quanto ao que fazer. Ele se demitira do seu bem-sucedido cargo em São Paulo em favor da vaga promessa austríaca; agora, contudo, no início da temporada europeia, todos os times importantes já tinham treinador.

Um treinador como Guttmann podia confiar em presidentes de associações tanto quanto nos presidentes de clubes. Essencial em sua demissão prematura do cargo em São Paulo foi a convicção de que o futebol na Europa não seria dependente de desigualdades políticas e organizacionais da mesma maneira que o era no Brasil. Na América do Sul existiam, entre treinadores e jogadores de um lado, e entre os dirigentes das associações de outro, diferenças sociais ainda muito maiores do que na Europa; as pessoas que participavam de uma partida tinham que passar por revista antes dos jogos para averiguação de porte de armas, como afirmou Guttmann com espanto. Durante o jogo decisivo fora de casa durante o Paulistão contra o Corinthians, ele mesmo acabou se envolvendo em uma pancadaria e, ainda com a bola rolando, foi arrastado pela polícia para a delegacia, onde foi maltratado. Contar com a boa vontade das massas e das mídias era algo bem menos certo no Brasil do que na Europa. Guttmann esteve em confronto constante durante um ano todo com a imprensa de São Paulo, e, ao fim e ao cabo, viver na megalópole tropical deve ter sido para ele como viver dançando sobre um vulcão em erupção. Provavelmente deve ter imaginado que teria uma vida um pouco mais tranquila como treinador da Associação Austríaca.

Porém, na Áustria os tempos de um Hugo Meisl, que sabia se locomover internacionalmente como um monsenhor, tinham acabado havia muito; a associação provinciana claramente não fazia a menor ideia de como iniciar uma relação profissional com um treinador da dimensão de Béla Guttmann. Sabia melhor como fazer isso, no entanto, a diretoria do FC Porto, que, mergulhado em crise depois de um fracassado início de temporada, levou Guttmann em novembro de 1958 para a província futebolística do norte português. Com uma desvantagem de cinco pontos em relação aos líderes da tabela de Lisboa, Guttmann entrou no clube e garantiu contratualmente para si não somente um alto ordenado anual, mas também uma generosa premiação pelo eventual título do campeonato.

No Porto, Béla Guttmann acabou com um interminável período de derrotas que entrou para os anais do tradicional time português como "a longa caminhada pelo deserto". Os clubes da capital, Benfica e Sporting, tinham deixado o FC Porto muito para trás. Sobretudo a partir de 1954, quando foi introduzido o futebol profissional em Portugal, o abismo parecia ter aumentado mais ainda. Portugal e o Porto contavam muito especialmente com uma longa tradição de treinadores húngaros que tinham modernizado o futebol desde os anos 1920. Em especial durante a guerra, uma grande quantidade de treinadores da Europa Central encontrou refúgio na borda ocidental da Europa. No pós-guerra, amontoavam-se as contratações futebolísticas vindas do Brasil, tanto de jogadores quanto de treinadores. Contudo, mesmo o predecessor de Guttmann, Otto Bumbel — que é apresentado geralmente como brasileiro, mas que em várias fontes também é apresentado como húngaro —, não foi capaz de acabar com a maré de derrotas do Porto que já durava quinze anos. Guttmann até conseguiu, no primeiro jogo, arrancar um empate sem gols dos favoritos do campeonato, mas já na segunda partida, contra o Belenenses, perdeu por 1 a 0. Parecia urgente incrementar o ataque; Guttmann combinou esse fortalecimento com uma mudança de equipe e de sistema. O estelar atacante brasileiro Osvaldo Silva, assim como o ponta-direita Pedroto, um versátil jogador da seleção, foram para o banco. Guttmann reprimiu a arte com a bola e introduziu a simplicidade de "tocar-correr-chutar"... Ele incutiu na cabeça dos jogadores do ataque que teriam que chegar de cinco a seis vezes em condições de finalizar a gol: "Enquanto eu estiver aqui, o jogador que não chutar não terá como encontrar um lugar no ataque do time titular." O efeito foi imediato. Com o novo centroavante Teixeira, começou uma verdadeira avalanche de gols. O time desencadeou uma campanha de recuperação única na história do futebol federativo de Portugal. Mas o que ninguém podia prever era que o campeonato fosse decidido pelo saldo de gols. Antes do último jogo, o Porto tinha um saldo (78 pró, 22 contra) melhor que o do Benfica (71 pró, 29 contra). Contudo, o time de Lisboa jogava em casa e tinha pela frente um oponente frágil, que já havia garantido sua permanência na primeira divisão, enquanto o Porto jogava fora de casa e tinha pela frente um candidato ao rebaixamento. O Benfica, beneficiado por três pênaltis, rapidamente aplicou um placar de 6 a 0. O Porto teve dificuldades até a etapa final, conseguindo somente nos últimos minutos fazer ainda três gols. Guttmann conseguiu retornar a Viena, junto da esposa Marianne, ostentando o *status* de mestre. De fato, ele retornaria a Portugal na temporada seguinte, mas não para o Estádio das Antas, do Porto, e sim para o Estádio da Luz, do Benfica.

Guttmann sempre declarou abertamente o modo como concebia o ofício do treinador: "Sou um especialista internacional sem fanatismo por clubes." Os torcedores do FC Porto, porém, por muito tempo não lhe perdoariam o que foi, aos seus olhos, uma clara traição. Guttmann teve que requerer proteção policial nos anos seguintes, sempre que viajava com o Benfica para jogos no Porto. Mesmo assim sua crença permaneceu inabalada:

Eu vendo toda a minha capacidade para um determinado clube por um tempo limitado. Se eu fosse tomado por uma dependência fanática por um deles, eu nunca conseguiria trabalhar com dedicação total num novo clube. Isso seria um engodo em relação a meu alto salário. Um especialista correto não pode permitir-se tal coisa. Deixei o Porto com a consciência em paz, como um pai que morre tranquilo ao deixar seus filhos bem situados. Com o título de campeão e a vaga na Liga dos Campeões, meus jogadores do Porto ficaram na melhor das condições. Na nova temporada vou tentar criar as melhores condições para a minha família no Benfica. Considero essa a minha obrigação primária e a minha tarefa mais importante.

O Porto não foi muito adiante na Liga; acabou precocemente eliminado pelo Bratislava, campeão tchecoslovaco. O campeão português ainda era coadjuvante nessa disputa internacional. Os reis imbatíveis da Liga dos Campeões da Europa de então eram as estrelas do Real Madrid. Em 1960, Puskás jogou uma segunda temporada com os madrilenhos. Ela terminou com a quinta vitória seguida em finais, na retumbante decisão contra o Eintracht Frankfurt.

Portugal, governado desde 1933 por uma ditadura unipartidária sob o autoritário professor de economia política António Salazar — que habilmente preservou o país da Segunda Guerra Mundial, assim como Franco fez na Espanha —, encontrava-se no final da década de 1950 na periferia do futebol europeu. Apesar de fazer pouco para modernizar o país, Salazar manteve com mão de ferro as colônias ultramarinas, em parte à custa de guerras sangrentas, como em Guiné-Bissau. De todo modo, esse foi um cenário vantojoso com relação ao futebol. Olhava-se menos para a Europa e muito mais para o além-mar, para as colônias e naturalmente para o Brasil. O meio de transporte preferido em viagens transcontinentais ainda era o navio. Times de futebol em turnês de amistosos aceitavam de bom grado um desvio de rota e jogavam contra times locais nas colônias portuguesas, que por sua vez se orientavam segundo os famosos times da capital. Mesmo em Lourenço Marques, atual Maputo, capital de Moçambique, havia um clube com o mesmo nome do lisboeta Sporting, e que jogava futebol de alto nível. Sobretudo os treinadores brasileiros, que encontravam trabalho no nascente futebol profissional português, adoravam garimpar nesses grandes reservatórios de jogadores africanos. Africano não quer dizer automaticamente negro: o sistema colonial português estimulava verdadeiramente o jogo de brancos e negros nos times ultramarinos que quisessem ser oponentes à altura dos clubes do continente. Os comandantes do Benfica tiveram uma experiência surpreendente em 1949, quando realizaram, à luz de um triunfo sensacional de seu time na Copa Latina, uma viagem à África e tiveram que engolir derrotas inesperadas. Como acontece com frequência no futebol profissional, eles deduziram a consequência lógica disso e captaram para si os jogadores responsáveis por aqueles vexatórios reveses. Desde a final da Liga em 1959, quando ainda treinava o FC Porto, Béla Guttmann sabia, por experiência própria, que o Benfica reunia muitos bons jogadores. De Moçambique tinham buscado o grande goleiro Costa Pereira e o vigoroso atacante Mário Coluna. Em Angola tinham topado, em jogos amistosos, com Joaquim Santana e José Águas, que vieram a se tornar grandes estrelas do ataque no Benfica, sobretudo o segundo. Béla Guttmann começou a aplicar em Lisboa os métodos que já tinha utilizado com sucesso no São Paulo. Aprimorou o treinamento — a partir de então se treinavam duas vezes ao dia — e introduziu centros de treinamento que não somente mantinham os jovens profissionais longe das exageradas festas das vitórias, como também possibilitavam um contato pessoal intenso entre treinador e jogadores. Mais uma vez, ele conseguia formar em pouco tempo um time com jogadores experientes e jovens. A série de vitórias do Benfica na temporada de 1959/60 fala por si. Ela começou com dez vitórias seguidas; com isso, Guttmann bateu seu próprio recorde pessoal, que era de sua passagem pelo AC Milan no outono de 1954.

Béla Guttmann tinha chegado a Portugal na época certa. Os dignitários da direção dos times e associações queriam jogar em nível europeu, e para isso estavam dispostos a introduzir inovações e a assumir riscos. No verão de 1959, o presidente da associação, José Maria Antunes, ofereceu a Guttmann o comando da seleção nacional portuguesa — uma tarefa que Guttmann assumiu sem retorno financeiro. Nas eliminatórias da Eurocopa, conseguiram excluir a ambiciosa Alemanha Oriental; contudo, falharam contra a França por muito pouco em dois jogos: a uma vitória por 2 a 1, seguiu-se uma derrota por 5 a 3. Internacionalmente Portugal era *nobody*, enquanto a França tinha batido, sob a batuta do poderoso atacante Juste Fontaine, a então campeã Alemanha por 6 a 3 na Copa do Mundo da Suécia, na disputa pelo terceiro lugar. Em abril de 1960, porém, Guttmann abandonou surpreendentemente o seu posto na Federação Portuguesa depois de ver negado o pagamento de uma multa que, hoje, seria de aproximadamente 400 euros, decorrente de problemas que tivera com um árbitro durante um jogo internacional. A carta de Guttmann à federação mostra, uma vez mais, o seu sensível *ethos* profissional:

> Não sou mesmo nenhum idealista nato, e tampouco estava disposto a ajudar os senhores por puro entusiasmo. Não poupei esforços para levar a sua seleção nacional a vitórias, sem ter exigido nenhum tipo de reconhecimento material por isso. Se mesmo assim os senhores esquecem totalmente que sou um treinador profissional e ainda querem me forçar a fazer gastos impossíveis para além do meu trabalho, então agradeço pela honra.

Pode-se imaginar que ele tenha aceitado a honra da Federação Portuguesa para esfregar isso uma vez mais na cara dos austríacos sem palavra. Porém, já estava plantada a semente de conflitos posteriores também em Portugal. Os cabeças da sociedade portuguesa não sentiam absolutamente nenhum embaraço em ser associados ao futebol. Contudo, as diferenças sociais entre os senhores no comando e a equipe que jogava obviamente persistiram. O futebol profissional europeu nos países latinos foi, por volta de 1960, determinado por dignitários ambiciosos e frequentemente podres de rico, que tratavam jogadores e treinadores com altivez. O ideal do *gentleman* não valia mais, e uma relação comercial profissional com reciprocidade ainda não tinha se estabelecido.

Depois desse episódio, Béla Guttmann conseguiu se concentrar totalmente em ganhar a Copa do Mundo com o selecionado nacional. E o seu conceito de futebol ofensivo e físico funcionava de modo primoroso. Não somente o goleador José Águas foi o artilheiro do campeonato: ao seu lado, José Augusto, um ponta-direita igualmente desconcertante, também causava furor na Europa. Na sua primeira turnê europeia, a equipe atingiu seu ápice. No final da fase de jogos nacionais, durante a segunda temporada de Guttmann no Benfica, o time contabilizou 92 gols em 26 jogos. Disputou-se o passe do maior talento, Eusébio, que tornaria irrefreável o ataque do Benfica, ainda até a metade do ano, com o vizinho lisboeta, o Sporting. O Estádio da Luz se tornou nos anos seguintes cenário recorrente de acaloradas noites da Liga dos Campeões da Europa. Por muito tempo ninguém conseguiu se opor ao torvelinho do ataque do Benfica sob a cintilante luz dos refletores do Estádio da Luz. Nos anos seguintes, os times europeus de primeira linha se apresentaram ali todas as vezes para 70 mil entusiasmados espectadores.

A série de vitórias do Benfica é vista como um passeio pela história do futebol europeu, começando depois do primeiro campeonato, em 1960. O primeiro jogo, contra os favoritos escoceses Heart of Midlothian, foi ganho pelos *outsiders* lisboetas por 3 a 0, e o jogo de volta também foi vencido, pelo placar de 2 a 1. O futebol escocês de clubes ainda estava na vanguarda europeia, e, portanto, essas vitórias eram um notório sucesso. O oponente seguinte, o húngaro Meister Újpest, foi saborosamente eliminado. O futebol húngaro ainda se recuperava com muito esforço da terrível arteriotomia depois do levante de 1956, quando mais de duzentos jogadores deixaram o país. O treinador Guttmann, porém, não tinha sentimentalismos. O clube com o qual foi não somente campeão da Hungria, mas também da Mitropacup, foi destroçado por 6 a 2. No jogo de volta, o treinador não teve permissão de viajar com o time a Budapeste, por determinação do presidente De Brito. No momento mais crítico da Guerra Fria, os portugueses temiam não conseguir de volta o seu treinador — que desde 1956 tinha cidadania austríaca. As relações entre os países comunistas e as ditaduras ibéricas nesses anos eram ainda mais tensas do que com as democracias ocidentais, e certamente Guttmann — que tinha comandado a viagem à América do Sul do Honvéd, proibida pela Fifa por pressão húngara — era uma pedra no sapato dos comunistas húngaros. Depois do tremendo resultado do jogo de ida, o Benfica perdeu por apenas 2 a 1, jogando fora de casa, mesmo sem Guttmann. Valeu a pena o treinador ter no time jogadores experientes — como Germano, que organizou a defesa, e o artilheiro Águas — que conseguiram aplicar, eles mesmos, a tática combinada.

A rodada seguinte foi bem diferente. O campeão dinamarquês FC Arhus foi derrotado em casa por 3 a 1, e fora por 4 a 1. Guttmann devia estar nesse momento muito seguro do próprio trabalho, pois o time dinamarquês era treinado por Géza Toldi, que havia feito parte da grandiosa geração de jogadores húngaros dos anos 1930 que chegou à final da Copa de 1938. Apesar da diferença de gerações e da concorrência esportiva no presente, eles se entendiam de modo extraordinário. Guttmann e seu time ficaram alguns dias a mais em Jütland e treinaram junto com os dinamarqueses.

Na semifinal, o Benfica enfrentou o Rapid de Viena, um clube que tinha sido o grande rival do Hakoah e do Austria na época em que Béla Guttmann era jogador na capital austríaca. Os vienenses eram esportivamente mais fracos do que os outros dois semifinalistas, o ambicioso Hamburg SV, com o jovem Uwe Seeler, e a fantástica equipe do Barcelona, com o lendário Kubala. Só que a antiga Copa dos Campeões da Europa tirava o seu charme da mistura de emoções locais e nacionais. O público podia tornar o time da casa uma força invencível. No Estádio da Luz ficou evidente quanto o Benfica podia recorrer à identificação do *outsider* futebolístico que era Portugal durante contendas europeias com times de ponta. A confiança na vitória crescia de sucesso em sucesso; mesmo os vienenses tomaram uma lavada em Lisboa por 3 a 0. O orgulho futebolístico austríaco estava ferido: para torcedores mais velhos, a derrota fulminante da seleção portuguesa contra a austríaca por 9 a 1 durante as eliminatórias da Copa do Mundo em 1953 ainda permanecia na lembrança. Em Viena, ninguém queria acreditar que a Áustria tinha sido eliminada pelos arrivistas da borda do continente. Guttmann gostava de utilizar, em entrevistas em alemão, a expressão austríaca "fanatismo de clube" ["*Klubfanatismus*"] — com a qual se identificavam os torcedores do Rapid. O chamado "quarto de hora do Rapid", no qual os torcedores aplaudem o time por exatos quinze minutos antes do pontapé inicial, é lendário e não era nenhum segredo para Guttmann, um vienense por opção. Nessa noite, os vienenses conseguiram o empate a quinze minutos do fim, igualando o placar que tinha sido inaugurado com um gol de Águas. O Benfica percebeu o que viria, e retardava o jogo; os atacantes do Rapid jogavam por um pênalti, que não foi concedido. O clima no estádio Prater ficava cada vez mais tenso, com os jogadores vienenses provocando uma pancadaria da qual alguns torcedores também participaram. No fim, o campo foi invadido e o jogo teve que ser interrompido três minutos antes do previsto. Vândalos da torcida do Rapid depredaram o estádio e cercaram os jogadores visitantes junto com o treinador dentro do vestiário. Os visitantes já podiam se dar por contentes com o fato de os fanáticos não terem ateado fogo ao prédio. Pouco depois de sua libertação, perto da meia-noite, o ameaçado treinador, que temeu pela integridade física e até pela vida, se mostrou novamente conciliador: "Se eu tivesse sido o juiz, teria dado um pênalti contra o meu time pelo bem do povo — por razões puramente diplomáticas. Com isso o Rapid teria vencido, o público estaria satisfeito com a vitória por 2 a 1 do seu time, e nenhum português teria protestado contra isso, pois, de qualquer forma, teríamos ido para a final com tal placar."

Guttmann aprendera a lidar com a imprensa nos duros anos que passou na Itália e no Brasil. O adversário da final, o Barcelona, ele também já tinha provocado intencionalmente no sorteio para a semifinal, ao classificar o HSV como um opositor extremamente desconfortável e contra o qual ele mesmo só jogaria muito a contragosto. O time estelar do Barcelona, por outro lado, ele conhecia bem demais. Já havia treinado Kubala pouco depois da guerra, quando ambos ainda trabalhavam na Hungria; Kocsis e Czibor ele tinha enfrentado com a equipe do Honvéd. Atrás desses três gigantes de nível internacional, jogavam agora no Barça o brasileiro Evaristo de Macedo e o craque do ano de 1960, Luis Suarez — o preferido do treinador Helenio Herrera, que alçou a equipe do Barça a alturas estratosféricas no fim dos anos 1950 e também a classificou para a Liga dos Campeões da Europa. A defesa era organizada pelo zagueiro Foncho e o grande meio-campo Gensana. Na meta estava a lenda catalã Ramallet. No Campeonato Espanhol, o Barça tinha atropelado em 1959 e 1960 o Real Madrid, tendo sido o primeiro time na história, na temporada de 1960/61, a eliminar o detentor do título, justamente o Real da Liga dos Campeões. Agora eles finalmente estavam perseguindo o caminho para o topo da glória internacional que até então lhes tinha sido vedada pelos madrilenhos liderados por Di Stéfano e Puskás. Mas Guttmann também conhecia os pontos fracos daquele time. Na temporada anterior da Liga dos Campeões, a de 1959/60, a equipe sucumbira nas semifinais frente ao Real, pois Kubala e Czibor tinham começado a regatear com a diretoria pelos prêmios. O treinador Herrera, colega de Guttmann, opôs-se duramente aos rebeldes, excluiu-os do time, perdeu e foi demitido. Um ano depois ele se vingaria, levando consigo a estrela do ataque Suarez para seu novo clube, a Inter de Milão. Guttmann considerava as estrelas do Barcelona muito presunçosas. O preferido do público, Kubala, que era tido como folgazão mas preguiçoso para correr, frequentemente pedia dispensa para tratamento médico. O Barcelona teve que agradecer pelo triunfo contra o Real principalmente à boa vontade do juiz inglês Leafe, que também tinha apitado a escandalosa partida entre o Rapid e o Benfica em Viena. Guttmann repetiu a provocação de falar do HSV como o oponente mais perigoso na semifinal, depois de ter assistido ao primeiro jogo em Barcelona. Ele observou a acirrada vitória do Barça por 1 a 0, no portentoso Camp Nou, e meteu o dedo na ferida: "O que o senhor diz dos alemães? Não foram os semiprofissionais uma sopa no mel para as suas estrelas?" De fato, o clube catalão, com seu elenco internacional, por pouco não seria excluído da competição, já que os hamburgueses seguraram o placar de 2 a 0 até pouco antes do fim no estádio Volkspark, com gols de Wulf e Seeler, quando começaram a jogar contra o tempo — uma arte com risco calculado, com dribles, passes curtos e faltas cavadas que eles não dominavam de todo. Um passe cruzado de Uwe Seeler no meio do campo foi percebido por Kubala, que teve a perspicácia de se adiantar e servir à maravilhosa cabeçada de Kocsis — e a bola sacudiu a rede. No Volkspark ouviu-se um silêncio mortal. Em condições atuais, o HSV já teria sido eliminado depois desse gol fora de casa, que no saldo conta em dobro. Os veteranos do Barcelona venceram por 1 a 0 a partida decisiva em Bruxelas, disputada em função do idêntico saldo de gols de ambas as equipes.

Essas dificuldades foram logo esquecidas pelas estrelas catalãs antes da final marcada para acontecer no estádio Wankdorf, em Berna. Chegaram de viagem só trinta horas antes da final, e se hospedaram, certos da vitória, em um hotel de luxo. Guttmann escolheu para os seus jovens comandados do Benfica — é difícil de acreditar — um hotel tranquilo no vilarejo de Spiez, onde ficaram por uma semana; sete anos antes, Sepp Herberger tinha afinado o seu time para a decisão contra a Hungria no mesmo local. Ainda como treinador da seleção portuguesa, Guttmann encontrara, em abril de 1960, durante uma partida internacional em Ludwigshafen, o treinador da seleção alemã, que tinha quase a sua idade. O fato de ambos se tratarem por "tu" corrobora a suposição de que já se conheciam desde a época em que eram jogadores. Os caminhos de seus antigos clubes — MTK e Hakoah, VfR Mannheim e Tennis Borussia Berlin — tinham se cruzado várias vezes. Os especialistas em futebol vinham quebrando a cabeça desde então para entender as condições da vitória dos *outsiders* alemães em 1954 contra os favoritos húngaros. A diferente escolha de alojamento dos finalistas era um dos argumentos. Os jogadores egressos da escassez própria da realidade comunista devem ter gostado muito da generosa vida em hotéis das grandes cidades; porém, o sono deles também teria sido sensivelmente perturbado por ruidosos fãs. Guttmann tinha pensado muito sobre a "concentração" de seus times. Ele já havia experimentado na própria pele, nos Jogos Olímpicos de Paris em 1924, quão decisivos o alojamento e o asseio podem ser para o sucesso de um time. O hotel calmo e bem cuidado nas terras altas de Berna deu aos jogadores da periferia europeia uma sensação de conforto e hospitalidade, fora das excitações de uma final europeia — fãs e mídia ficaram longe. Seu treinador cuidava de tudo.

A primeira final da Liga dos Campeões que Béla Guttmann disputou começou na tarde de 31 de maio de 1961. O Benfica era claramente um azarão, e o Barcelona desde o princípio encantava, querendo, com um grande futebol, tomar do Real Madrid a posição de senhor dos títulos europeus. Os vice-campeões mundiais húngaros de 1954 que integravam o time do Barça, Kocsis e Czibor, fizeram de tudo para apagar da memória as más lembranças da final daquele Mundial disputado no mesmo palco. *Déjà vu*: mesmo para os grandes favoritos do Barcelona, o jogo começara tão bem quanto daquela vez para os húngaros. Sándor Kocsis, chamado de *Cabecita de Oro*, mais uma vez fez jus ao seu apelido e marcou o primeiro gol de cabeça. Depois disso, virou-se a página; dois gols seguidos do adversário colocaram o Benfica na liderança com 2 a 1 em meia hora de jogo. Depois do intervalo, Coluna — que jogava desde o oitavo minuto com o nariz quebrado — conseguiu marcar um gol de voleio e ampliar o placar para 3 a 1. Trinta minutos antes do fim da partida, Czibor ainda conseguiu descontar: 3 a 2. Começou então uma blitz impressionante de ataques do Barcelona, mas que não deu em nada. Costa Pereira — segundo Guttmann, o melhor goleiro que jamais pôde comandar — segurou tudo o que foi ao gol, com as traves e o travessão garantindo o resto. Depois da derrota, o Barcelona se zangou com todos — com o juiz, com o próprio goleiro e finalmente com o destino. Sorte, acaso! Não podia ser verdade! E Béla Guttmann encontrou a amarga resposta:

> Para alcançar sucesso mundial no futebol, um time também precisa de um pouco de sorte. Nesta final, só se falou do feliz acaso do Benfica quando os espanhóis, logo depois de marcarem o primeiro gol da partida (1 a 0), tomaram dois ou três chutes na trave. Aconteceu, contudo, o contrário: depois do gol sofrido, meu time se recuperou e marcou três gols, um atrás do outro! Com base nas nossas vantagens morais, psicológicas e táticas, que se devem à nossa exemplar preparação, ficamos na frente com 3 a 1.

A direção do clube catalão exigiu uma revanche no Camp Nou para recuperar a abalada reputação do Barcelona. Guttmann convenceu o seu presidente, De Brito — que sofrera um ataque cardíaco na final — a aceitar a revanche por uma alta soma como cachê. Cento e dez mil torcedores catalães sedentos de vingança viram, dois meses depois, um empate por 1 a 1 no Camp Nou. Com isso, ficou provado que o sucesso de Berna não fora fogo de palha.

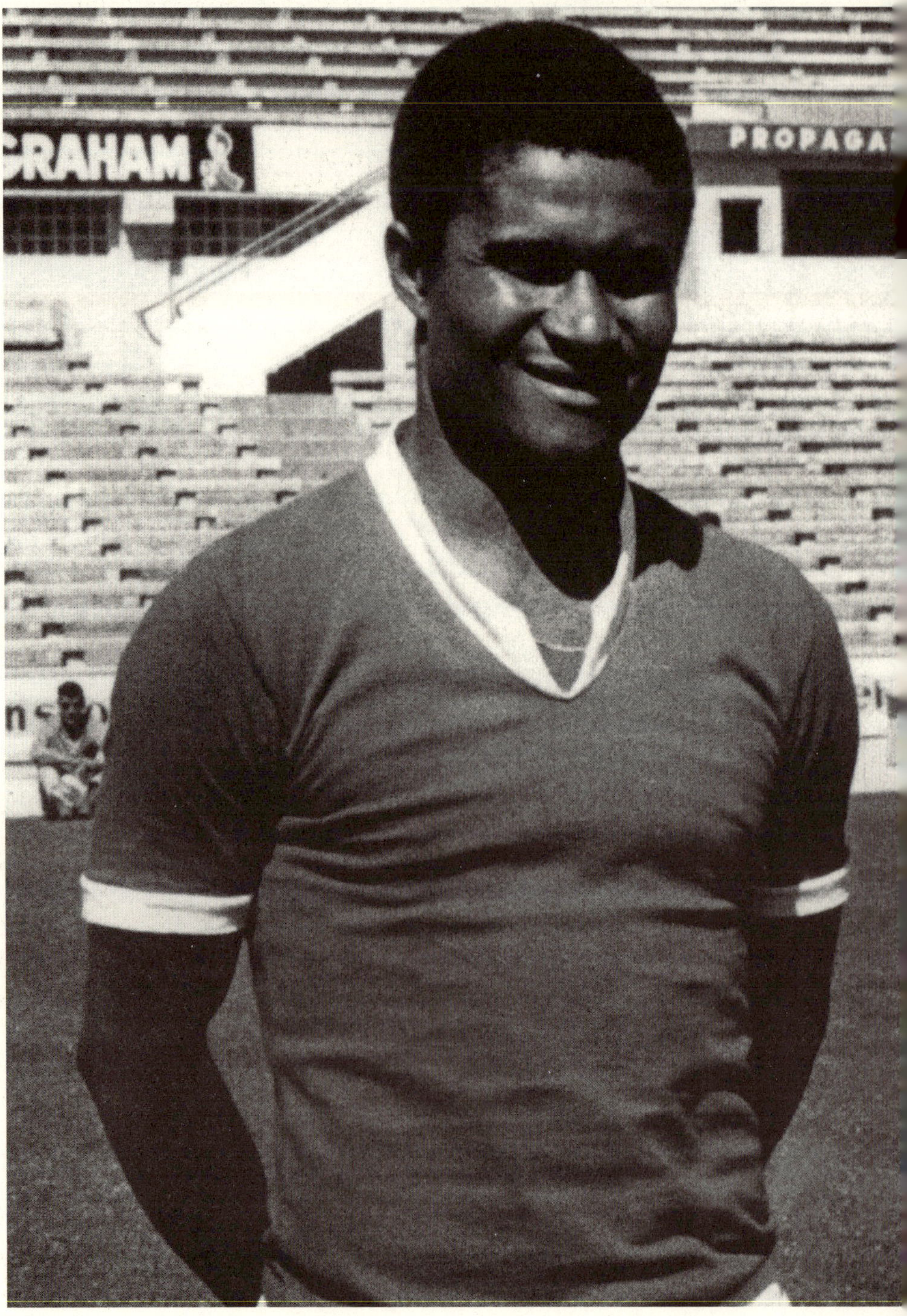
GRAHAM
PROPAGA

O craque Eusébio e seu treinador

Em dois anos, Guttmann conduziu o Benfica, um escrete de *outsiders*, para a nata do futebol europeu. A Copa Intercontinental, realizada pela segunda vez em 1961 entre os vencedores da Liga dos Campeões da Europa e da Copa Libertadores da América, ainda tinha seus atrativos nessa época. Em 1960, o Real Madrid conquistou o título em casa frente ao Peñarol, de Montevidéu, com um empate sem gols. Béla Guttmann sabia do grande potencial de sua jovem esquadra. Desde o inverno, treinava em Lisboa o moçambicano Eusébio, então com 18 anos, um talento comparável ao de Pelé. Essas perspectivas poderiam ter feito o treinador permanecer no Benfica por mais um possível maldito terceiro ano. Se tivesse saído depois do triunfo de Berna, ele não teria vivido nem a satisfação da revanche no Camp Nou, nem a aventura da Copa Intercontinental contra o Peñarol. O campeão sul-americano foi vencido em Lisboa por 1 a 0, mas no jogo de volta o Benfica, cansado da viagem, foi atropelado por uma goleada de 5 a 0. Para o jogo decisivo, realizado por razões de tempo e de custos também na casa do Peñarol, o estádio Centenário de Montevidéu, levou-se adicionalmente Eusébio, naquele momento já prontinho para jogar; contudo, mesmo o seu inegável talento não foi suficiente para impedir a derrota por 2 a 1. O modo como se deu a decisão desse título permanece até hoje engasgado na garganta.

Mas havia algo novo a ser provado mais uma vez. A repetição do triunfo na Liga dos Campeões parecia ser para Guttmann um desafio por meio do qual ele feriria os princípios que ele mesmo se impusera. Será que lhe passou pela cabeça transformar o Benfica da década de 1960 num time dominante na Europa, como o Real Madrid fora na segunda metade da década de 1950? A série mítica de vitórias do time de Madri claramente obscurece quantas vezes o Real esteve prestes a ser eliminado da Liga — o que não seria estranho de se esperar num torneio que, desde o início, se realizava no sistema de eliminatórias simples. O risco de falhar nesse sistema era muito alto. Guttmann não se esquivava; porém, garantiu sua segurança por meio de um contrato significativamente melhor. O curioso é que o prêmio por uma nova vitória na Liga dos Campeões era de um valor bem inferior do que o que receberia se ganhasse novamente o Campeonato Português. Será que ele achava mais provável o triunfo europeu?

*

A temporada da primeira divisão portuguesa de 1961/62 começou com uma desgraça: o homem mais importante da defesa de Guttmann, Germano, sofreu uma grave contusão no joelho, mais precisamente no menisco. O centroavante, na nomenclatura do sistema WM, teve que ser operado, e ficou muito tempo afastado dos campos. Porém, também houve os reveses normais que Guttmann temia: entrementes, alguns jogadores tinham se tornado estrelas invariavelmente assediadas por tentadoras ofertas do exterior. Eles começaram a se poupar, pausas por contusão eram estendidas, e o espírito de luta soçobrava. A disciplina a que Guttmann se aferrava começara a fraquejar. Em sua primeira apresentação na Liga dos Campeões em Viena, Guttmann pegou dois jogadores do Benfica à uma hora da manhã depois do jogo, na rua Kärntner. Ele os forçou a pagar uma multa no valor do salário de um mês. Sua justificativa é peculiar:

> Sem sacrifícios não há sucesso no futebol profissional! Sem disciplina de ferro, um exército não consegue vencer uma única batalha sequer, muito menos uma guerra! E tanto a série de partidas da Liga dos Campeões quanto à do campeonato nacional podem ser comparadas a uma guerra que só pode ser vencida batalha a batalha. Se um jogador não quer aceitar o sacrifício que eu considero necessário, então ele pode ir trabalhar na fábrica de sardinha enlatada. O futebol não precisa necessariamente ser o seu ganha-pão... Se ele tem bom desempenho natural no futebol, então cuidarei para que ele ganhe aqui um pão

significativamente maior — e até mesmo pão com manteiga — do que ganharia na fedida fábrica de sardinha. Só que ele precisa participar de tudo o que eu exigir dele, senão será dura a penalidade...

Aqui se evidencia, sem nenhum sentimentalismo, o terrível pano de fundo social do futebol profissional no início da década de 1960: a ameaça com o trabalho em fábricas sempre foi um meio eficiente de disciplina. Jogadores das classes inferiores podiam escapar do destino de trabalhador indo para o futebol profissional, e se tornar funcionários mais bem pagos de um clube que os tratava na forma de uma autoridade patriarcal. Uma escolha contratual livre para os profissionais ainda não existia, os ordenados num país pobre como Portugal ainda eram muito modestos em comparação com o de outros países, e a mudança para o exterior poderia ser vetada pela pena do regime autoritário de Salazar. A metáfora de Guttmann do "pão com manteiga" foi escolhida apropriadamente como comparação com as montanhas douradas que já naquela época eram prometidas por alguns clubes espanhóis e italianos. O treinador podia tratar esses membros na condição de líder com força de comando, que em Portugal devia ser tratado respeitosamente sob a deferência de "Mister". Para a diretoria, os jogadores e o treinador vinham de outro mundo social. Porém, o treinador tinha nessa constelação portuguesa uma posição mais forte do que no sistema estelar dos grandes clubes profissionais da Europa; ele mesmo era um especialista estrangeiro, mas que, aliás, só falava olhos nos olhos com a classe superior local — da qual era recrutada a diretoria — no instante da negociação de contrato. No pôquer das negociações contratuais, Guttmann tentava definir a sua posição única, e sempre teve que sentir na pele que no dia a dia as antigas diferenças sociais seguiam valendo. O treinador tinha que preservar sua autoridade dia após dia para com um time de subalternos, enquanto a diretoria o tratava mais como um subalterno do que como um parceiro contratual.

Guttmann tentou melhorar essa posição, e a participação na Liga deu-lhe a oportunidade de utilizar a força das mídias — uma faca de dois gumes. Em Portugal, a diretoria dos clubes é eleita regularmente; ou seja, eles precisam da imprensa. Na época da ditadura, essas eleições eram levadas publicamente muito a sério. A dimensão internacional do futebol deslocava os parâmetros. Sucessos espetaculares, como uma sensacional vitória na Liga dos Campeões, podiam aumentar a força do treinador. Contudo, Guttmann já tinha experiência suficiente com as mídias chauvinistas locais que assediavam moralmente o treinador, de maneira populista, quando as vitórias não vinham. De todo modo, o caráter internacional dos jogos da Liga dos Campeões fizera com que as mídias locais ficassem em maus lençóis; elas não podiam cair na suspeita de enfraquecer o time nacional. Além disso, havia o fato de que Guttmann, como especialista que era, também conseguia, de maneira brilhante, colocar as mídias estrangeiras no jogo. Fazendo uso de diplomacia e de provocações, chamava intencionalmente o interesse público para si e para longe dos seus jogadores, que assim podiam se concentrar só no jogo. Essa era a força de sua autoridade para com o time, mas também seu posicionamento frente à diretoria. A Liga dos Campeões lhe ofereceu um espaço no qual ele, cosmopolita e poliglota, plantava informações de seu interesse na imprensa internacional. Mesmo nessa área ele agiu como um pioneiro que então já aplicava sistematicamente estratégias públicas pelas quais são temidos e admirados treinadores de sucesso atuais, como José Mourinho, que desde que venceu com o Porto a Champions League de maneira surpreendente, em 2003/04, vem angariando títulos com várias equipes europeias.

Em 1961, meio ano depois dos tumultos no jogo de volta da Liga dos Campeões contra o Rapid de Viena, Guttmann saudou a eliminação do primeiro oponente durante a nova temporada do torneio, o Austria Viena. Enquanto as mídias portuguesas temiam um clima pesado de revanche na capital austríaca e pintavam um cenário terrível e violento, Guttmann sabia estimar, como bom conhecedor da cena, a torcida do Austria pelo seu tradicionalmente conhecido *fair play*, mas não deu nenhuma oportunidade para que isso fosse anunciado publicamente. Com a sua evocação do passado glorioso, ele lisonjeava a antiga metrópole do futebol do Danúbio, e a tática funcionou. O jogo de ida em Viena aconteceu, para surpresa de todos, numa atmosfera marcadamente amistosa, terminando em 1 a 1. No jogo de volta, o Benfica dominou com folga o jogo com o novo ataque composto por Santana, Águas e Eusébio, e atropelou os austríacos por 5 a 1. O grande brilho no futebol internacional fortalecia a reputação de Guttmann frente a jogadores e à diretoria, mas no cotidiano da primeira divisão portuguesa acumulavam-se derrotas. Guttmann sentiu a impotência de sua posição. Como treinador, ele mesmo tinha se tornado uma estrela que, contudo, dependia das atuações dos jogadores e da vontade da diretoria. Recuar teria sido a saída lógica; porém, Béla Guttmann escolheu o ataque.

Em fevereiro de 1962, o Benfica entrou em campo nas quartas de final contra o campeão alemão, o FC Nürnberg. Guttmann aproveitou a oportunidade na Alemanha para fazer uma consulta minuciosa com um médico. Desde o falecimento repentino do seu velho amigo da época do MTK Budapeste, György Orth — que havia pouco tinha acabado de assumir o posto de treinador do FC Porto —, Guttmann era perseguido pelo temor de que ele também poderia sucumbir ao estresse da profissão. Mas os especialistas alemães o alertaram justamente contra a aposentadoria. Nada seria mais perigoso para a saúde do que a inatividade repentina, indicava o conselho médico. Nessa viagem, Guttmann pediu para que sua esposa o acompanhasse. Deve ter sido muito desagradável o fato de a diretoria do clube fazer com que ele pagasse do próprio bolso a viagem dela; uma coisa pequena que mostrava quanto era possível confiar no falatório da família Benfica — palavras que ele mesmo utilizava com frequência. Anos depois ele ainda não se tinha curado dessa ofensa:

"Em três anos só levei minha esposa comigo duas vezes para jogos no exterior. Para Viena e Nuremberg, ocasiões que aproveitou para fazer exames médicos. Avisei com antecedência que pagaria tudo eu mesmo. No fim do mês recebi uma conta em que constava que eu tinha que pagar do meu próprio bolso metade do meu quarto de hotel, já que minha esposa o ocupara comigo." O veneno do pouco reconhecimento seguiu agindo mesmo com todas as vitórias, porém Guttmann era realista o suficiente para saber o preço que o sucesso exigia. "Mesmo no ápice, a vida no futebol não é um mar de rosas. Quanto mais alto se escala a montanha do futebol internacional, tanto mais congelante torna-se a temperatura, e fica-se cada vez mais solitário."

No jogo contra o Nürnberg, a temperatura também caiu bastante, chegando no segundo tempo a 12 graus negativos. Mesmo com a congelante cobertura de neve, os portugueses lançaram-se com coragem ao ataque, ficando na frente com 1 a 0 já nos dez primeiros minutos. Depois disso, porém, o time escorregou mais de uma vez. O Nürnberg saiu de campo vitorioso, com o placar de 3 a 1. "Os jogadores alemães da primeira divisão pressionaram os profissionais de maneira sensacional, e ganharam cinquenta marcos. Cada um!" — assim resume secamente o historiador da Liga dos Campeões, Ulrich Hesse-Lichtenberg. Não demoraria muito mais tempo até que também os jogadores na Alemanha ganhassem muito mais dinheiro do que em Portugal.

Guttmann se apresentava à imprensa como o profissional que sabia como interpretar uma derrota por 3 a 1 fora de casa:

> Essa foi a nossa pior derrota na Liga dos Campeões. O Nürnberg jogou bem e mereceu vencer. Só numa coisa eles falharam: nocautear-nos em definitivo. Essa vantagem por dois gols não vai ser suficiente em Lisboa para avançar em direção à semifinal. Afinal, em Lisboa não tem neve nem frio de 15 graus negativos e lá jogamos sobre um tapete

de grama bem cuidado, em vez de uma pista de patinação escorregadia e dura. Lá poderemos jogar futebol; aqui precisaríamos de jogadores de hóquei em vez de futebolistas, e de patins em vez de chuteiras.

O Nürnberg dobrou a premiação por vitória para o jogo de volta; estavam seguros da classificação. Pelo jogo gelado na Francônia, eles ainda não tinham conhecido o Eusébio que impulsionava o turbilhão ofensivo do Benfica, na companhia de Águas e Coluna. Resultado: 3 a 0 depois de vinte minutos. Os torcedores tinham lido no jornal as tolas declarações do treinador do Nürnberg, Herbert Widmayer, de que "espírito de camaradagem" estava acima de premiações por vitórias e salários de profissionais. "Cadê o espírito de vocês?", ecoavam os cantos zombeteiros no estádio. O fato de o Nürnberg ter saído de campo humilhado por um 6 a 0 não tinha nada a ver com as premiações para o Benfica, vinte vezes maiores. As palavras de reconhecimento do centroavante Strehl, que foi o maior artilheiro dessa temporada da Liga dos Campeões com oito gols, soam muito diferente disso: "Nunca vi, nem antes nem depois, um time com tamanha raça num jogo." Havia razões para o milagre no Estádio da Luz: o futebol profissional numa região periférica e pobre da Europa abria, para todo um grupo de jovens homens, a possibilidade de um novo modo de vida para além das tradicionais diferenças sociais. Essa perspectiva os tornava receptivos para os métodos e técnicas de Guttmann, com os quais a alegria por essa nova vida se intensificava. A tirada anticomercial do treinador do Nürnberg só mostrava desconhecimento sobre a base material dos sucessos do Benfica e sobre a fome de vida de um grupo de excluídos — comparável com a do time do Hakoah, que em 1926 foi de Viena para os Estados Unidos. Portugal e especialmente o Benfica conseguiam, no início da década de 1960, garimpar de um enorme fundo lusitano — desde o Brasil, passando pelas colônias portuguesas na África até o provinciano interior de Portugal. Diferentemente de Madri e de Barcelona — que concorriam com os grandes clubes do norte da

Itália, de Milão e Turim —, o Benfica não podia se apoiar em jogadores prontos que tinham que ser adquiridos por muito dinheiro, mas precisava procurar novos jogadores e agregá-los a algo diferente. Béla Guttmann estimulou tanto quanto pôde esse desenvolvimento, que ele mesmo tinha iniciado. Ele possuía o poder, a experiência internacional e o *know-how* para desenvolver um novo estilo de jogo no Benfica que foi descrito como uma mistura do sistema WM e do 4-2-4. Essa mistura alcançava o seu melhor desenvolvimento no ataque: criava amplos espaços na frente do gol adversário, que abriam todas as opções para dribles, passes curtos ou mesmo arremates de longa distância. Essas eram as premissas para o show de fogos que era disparado durante todo jogo da Liga dos Campeões disputado no Estádio da Luz.

Ao jogar futebol dessa maneira, o Benfica derrotou quase todos os times europeus — quando enfim encontraram o Tottenham Hotspur na semifinal da Liga de 1962. Os Spurs, comandados pelo irlandês do norte Danny Blanchflower, especialista em trocar passes, eram favoráveis à modernização do futebol britânico; Blanchflower coordenava o irresistível jogo ofensivo do Tottenham a partir do lado direito. Jimmy Greaves, que tinha retornado à ilha pouco tempo antes vindo do AC Milan, era o parceiro ideal de jogo que Greaves esperava para os seus passes precisos. No centro estavam dois temidos tanques de ataque, David Mackay e Bobby Smith, que por sua vez criavam espaços para Greaves. Na semifinal contra o Benfica, Greaves finalmente pôde ser escalado num jogo internacional. O turbilhão ofensivo do Benfica, que produziu com Águas, como de costume, um primeiro gol já nos instantes iniciais, dessa vez foi interrompido várias vezes por perigosos contra-ataques do Tottenham, todos articulados pelos pés de Greaves. Mas dois tentos dos quais participou não valeram. O Benfica salvou esse jogo com uma vantagem de 3 a 1. Diferentemente da diretoria e do treinador do Nürnberg, Guttmann não despertou depois do jogo a impressão

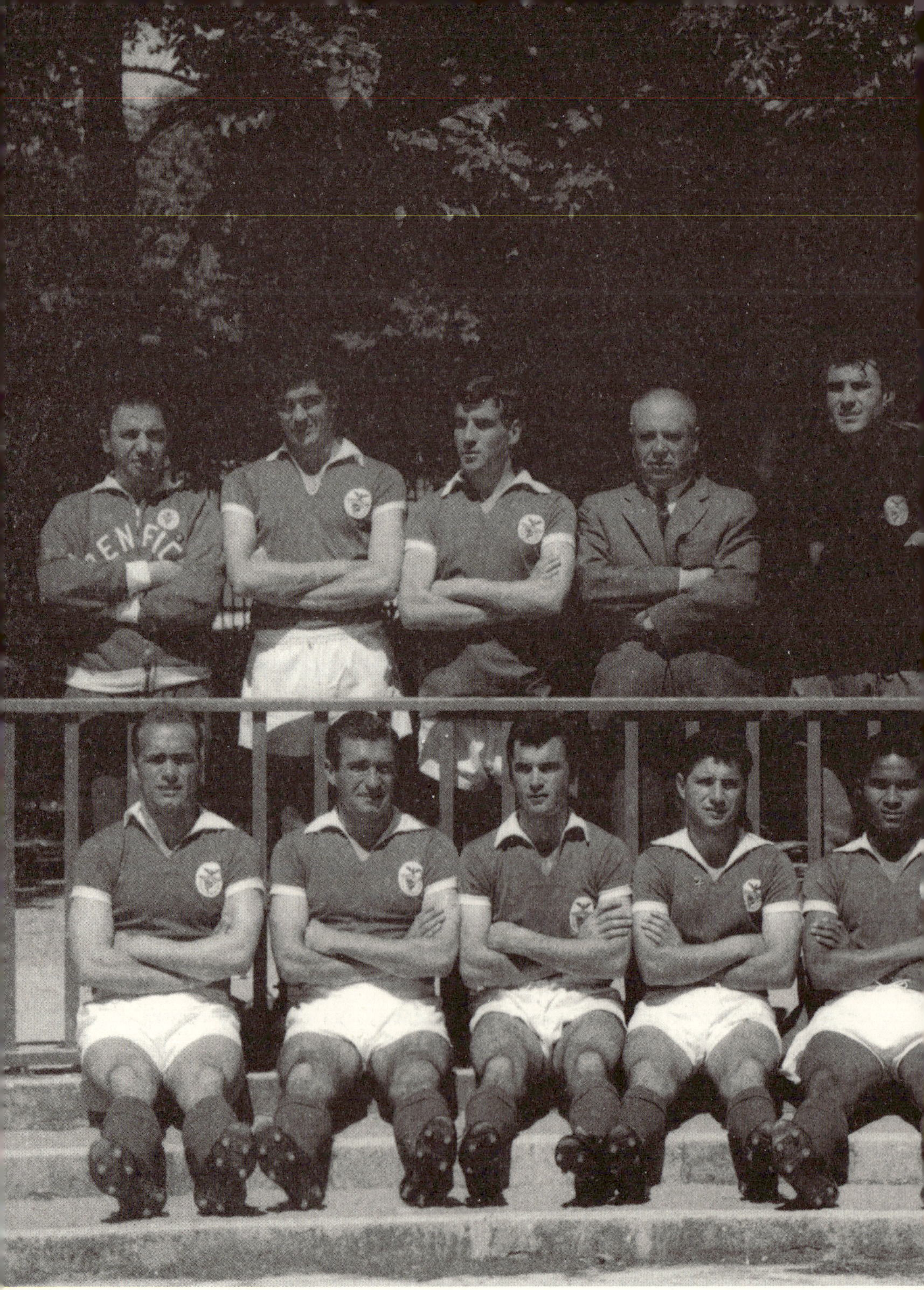

O time do Benfica de Lisboa após a vitória da Liga dos Campeões, 1962

de que o Benfica iria para a partida de volta com uma vantagem segura. Ele direcionou sua estratégia de mídia para declarar o Tottenham como favorito. Isso hoje em dia faz parte do repertório padrão de todo treinador; na época dos primórdios das contendas europeias regulares, ainda não. Tinha-se acabado de começar a considerar com antecedência os possíveis adversários. Então, o gerente do Tottenham, Bill Nicholson, viajou para a península ibérica para observar o Real e o Benfica nas quartas de final, pois Béla Guttmann já tinha visto o Tottenham duas vezes antes do primeiro confronto. Havia o respeito mútuo; contudo, Guttmann tentou, por meio de sua política de imprensa, retirar o peso do favoritismo dos ombros da sua equipe. Ele temia sobretudo a confiança exagerada depois que seus jogadores tinham voltado a jogar da velha forma vitoriosa durante o cotidiano da primeira divisão. Guttmann desconfiava que os ingleses tinham irrigado artificialmente o campo do White Hart Lane para dificultar a dinâmica de passes portuguesa — um truque que os futebolistas ingleses do *kick and rush* tinham usado de fato no passado contra o Honvéd e o Real. No entanto, isso não entrava absolutamente em questão para o Tottenham. Quando o trio de arbitragem dinamarquês foi nomeado para o jogo de volta, Guttmann duvidou publicamente que eles seriam rigorosos com a forma dura de jogar dos atacantes David Mackay e Bobby Smith. Dessa forma, ele comprometeu previamente o trio de arbitragem a prestar especial atenção ao jogo de corpo dos pontas ingleses. Depois, anunciou a sua despedida planejada do Benfica ao final da temporada. A confiança na vitória cresceu em Londres.

Mesmo no dia do jogo, em 5 de abril de 1962, Béla Guttmann continuou com a sua guerra psicológica. Chamou a atenção dos jogadores para as peculiaridades dos tradicionais estádios de futebol ingleses, com suas tribunas inclinadas sem corredores. Tentou frear os ânimos dos torcedores locais ao fazer seu time sair do vestiário em cima da hora e com ostentação. Depois do intervalo, fez um jogo ainda pior. No início, essa tática pareceu funcionar de maneira maravilhosa: Águas conseguiu marcar o primeiro tento aos dezesseis minutos; mas Smith conseguiu o empate ainda antes do intervalo. Então, aos três minutos do segundo tempo, Blanchflower colocou o Tottenham na frente: 2 a 1. O Benfica oscilava, mas não caía. A defesa se mantinha firme frente à enorme pressão. Muitos anos depois, Eusébio escreveria ainda profundamente impressionado com a "luta cruenta" contra um "grandioso time". Guttmann se sentia realizado: num embate entre times equivalentes, vence no final aquele que tiver "os nervos mais fortes".

Ele conseguiu investir nessa qualidade também na final de Amsterdã contra o Real Madrid, que deveria se tornar o ápice esportivo de sua carreira como treinador. No intervalo, o placar marcava 3 a 2, depois de o Benfica ter empatado o placar de 2 a 0 dos espanhóis e após ainda ter levado um terceiro gol de Puskás. Porém, Guttmann tinha dito aos seus jogadores que, mesmo que ficassem dois gols em desvantagem, ainda assim conseguiriam vencer. Ele deu a Cavem a orientação decisiva de perseguir Di Stéfano, que vinha em progressão, ainda no campo adversário, de modo a separá-lo de Puskás. Dessa forma, Puskás também teve que recuar; um chute distante de Coluna aos 50 minutos desmantelou o emaranhado de jogadores madrilenhos subtraído de seu ritmo por meio dessa estratégia. O goleiro Araquistain, que não conseguiu enxergar nada, parecia completamente surpreso. Aí chegou o grande momento de Eusébio, que conseguia realizar tudo aquilo que fazia o futebol do Benfica de Guttmann: a otimização tanto do comprimento quanto da largura do campo, a riqueza de repertório dos ataques e a pressão incansável contra um oponente versado tecnicamente. A pressão na grande área do Real se tornou insuportável, e Eusébio só pôde ser parado com falta. O pênalti foi cobrado pelo próprio, que acabara de completar 20 anos de idade. Aí desapareceu a enorme confiança com que os espanhóis haviam iniciado o jogo, e isso por sua vez fortaleceu a certeza do jovem time português de que sairiam de campo vitoriosos. Uma vez mais, Di Stéfano se lançou numa investida solitária, mas falhou contra o grande goleiro Pereira. Aos 32 minutos do segundo tempo, Eusébio decidiu o jogo. Em vez de mandar um petardo direto, como era esperado, Coluna passou-lhe a bola, deixando-lhe espaço em frente ao gol para um tiro de vinte metros: caminho livre para o arremate de Eusébio. O Real só pôde ficar assistindo enquanto a bola se enrolava na rede.

A final permanece na memória, mesmo porque o Real tentou se defender com todos os meios contra a derrocada. Quando não foi marcado um pênalti em Di Stéfano, ameaçou-se interromper a partida. O juiz holandês Leo Horn era uma figura de respeito no futebol internacional. Ele tinha conduzido o jogo do século em 1963 entre Hungria e Inglaterra no estádio Wembley de Londres. Nesse dia, ele não validara um gol maravilhoso que colocaria, depois de uma espetacular troca de passes entre Czibor, Puskás e Hidegkuti, 1 a 0 no placar. Isso talvez tenha irritado Puskás a ponto de ele expressar, depois da final em Amsterdã, a suspeita de que a amizade de Horn e Béla Guttmann tivesse poupado o Benfica de um ou dois pênaltis. Já durante o jogo, Puskás teria ouvido Horn dizer que era visível que o juiz seria amigo do técnico da equipe adversária. Se isso foi inteligente? A reputação de Horn também era irreprochável. Mesmo o treinador húngaro Gustav Sebes afirmara depois do jogo na Inglaterra: "Primeiramente ficamos um pouco apreensivos com uma equipe de arbitragem ocidental. Não conhecíamos nem o juiz nem os bandeirinhas. Só sabíamos o que poderíamos aproveitar dele. Horn era um juiz neutro." Mesmo a declaração posterior de Horn, de que teria errado ao anular o gol maravilhoso em Wembley, jogava a favor das suas qualidades humanas. Mas de onde Guttmann o conhecia tão bem? Já na sua época de treinador no Enschede, vinte anos antes, Leo Horn fora uma conhecida personalidade do futebol holandês. Em 1941, ele foi excluído da associação holandesa por ser judeu; como opositor ativo, participou de ações espetaculares contra os ocupantes alemães sob a alcunha de "Doktor van Dongen". De todo modo, o motivo da derrota do Real Madrid não foi a atuação do árbitro.

Depois do jogo, um gesto de Puskás tornou-se alvo de muitas análises, quando Eusébio aproximou-se dele para a troca de camisas. Puskás aceitou. Muitos veículos de mídia interpretaram esse gesto de maneira simbólica: sai o velho mestre, assume o novo atacante dos sonhos. Uma mudança de época parecia se expressar. Seja como for, a interpretação convencional não enxerga a importância desse momento decisivo. O êxito em sequência do Benfica sobre os dois grandes clubes espanhóis, FC Barcelona em 1961 e Real Madrid em 1962, sinalizava de fato uma mudança no futebol mundial. Em Barcelona e em Madri, os patriarcas do futebol conseguiram unir estrelas mundiais da América Latina, e principalmente da Hungria, numa combinação criativa. Nesse encontro, convergiam tradições futebolísticas de dois continentes. Contudo, a integração do moderno elemento brasileiro ainda não tinha dado certo: em 1959, o famoso meio-campista brasileiro Didi, que participara das duas últimas Copas do Mundo, não tinha vingado no Real Madrid. Não encontrou lugar ao lado de Di Stéfano. Em Lisboa, onde o homem certo estava no lugar certo e na hora certa com Béla Guttmann, Brasil e Europa literalmente se tocaram. Guttmann sabia integrar no futebol europeu os elementos estilísticos brasileiros que ele mesmo tinha ajudado a desenvolver no São Paulo. E ele sabia como criar um time completamente novo com seus jovens jogadores, que se orientavam pelos ideais futebolísticos brasileiros. Ele não dependia da convivência harmoniosa de estrelas individuais. Eusébio e seus amigos chamaram seu primeiro time de futebol de rua, em Lourenço Marques, de *Os brasileiros*. Mais tarde ele confessaria: "No meu peito batem dois corações: um brasileiro e um português." A equipe do Benfica construída por Guttmann encarnava essa síntese que só se tornou possível no mundo com a profissionalização do futebol. O futebol como profissão juntou os jovens negros que jogavam na rua, vindos de uma capital de província colonial, com um treinador húngaro-judeu que conhecera o mundo inteiro por força da necessidade durante o movimentado século XX. Ele tentou explicar o seu sucesso com paciência e ironia: "Na minha longa carreira, viajei por muitos países e também trabalhei em alguns deles. Quando em algum lugar eu via algo bom, futebolisticamente falando, roubava-o imediatamente e o guardava para mim. Depois de um tempo, eu fazia um coquetel com essas delícias roubadas." Seu melhor drinque se chamou Benfica.

A estrela da lembrança esmorece...

Todo treinador procura sem cessar meios para evitar derrotas. Porém, se ainda está com a razão, ele sabe também que derrotas são inevitáveis no futebol. Cada jogo perdido ameaça apagar a lembrança das grandes vitórias, porém o método de Béla Guttmann de se demitir no ápice do sucesso era um remédio certeiro para o esquecimento. Na memória dos campeões que abandonava, ele mesmo seguia sendo um campeão. Depois das primeiras derrotas, os jogadores se recordavam com saudades dos tempos de glória. Sua saída do posto de treinador do Benfica após o retumbante triunfo contra o Real, em 1962, fundou também o mito de Béla Guttmann, no qual ele mesmo estava trabalhando.

Ao seu biógrafo Jenö Csaknády, ele revelou uma série de segredos íntimos de suas negociações com a diretoria do Benfica que fizeram com que sua estrela brilhasse forte. Quando saiu em 1964 a *Bela Guttmann Story* [*História de Béla Guttmann*] — na qual o técnico se fazia louvar como um artista do "finalizar" —, ele ainda não havia cometido seu pior erro. Havia retornado justamente ao Benfica em 1965/66, mas de maneira inconsequente, para tentar ganhar a Liga dos Campeões pela terceira vez. O time construído por ele tinha de fato mostrado ser uma grande equipe após a sua saída, tendo chegado à final europeia no ano seguinte contra o AC Milan. Contudo, o novo treinador chileno, Fernando Riera, não conseguira vencer esse jogo. E, muito rapidamente, os dirigentes já estavam apontando suas antenas em direção a Montevidéu para chamar Béla Guttmann de volta, como este contou a Csaknády com grande deleite. Quando, porém, Guttmann estendeu a negociação em vez de aceitar de pronto — como sempre fora o seu jeito —, a diretoria do clube tentou difamá-lo frente à imprensa local como se fosse um negociante ganancioso, e preferiu investir então em novos jogadores em vez de no antigo treinador. E o campeão português acabou se dando muito mal na temporada seguinte. Nas oitavas de final, em 4 de dezembro de 1963, os favoritos portugueses levaram uma sova do Borussia Dortmund por 5 a 0, como nunca tinham levado antes. As estrelas que entraram em campo sem Eusébio tiveram que assistir a um jovem centroavante de nome Franz Brungs marcar sozinho três tentos. A imprensa esportiva europeia já anunciava o fim do grande Benfica. O fantasma de Guttmann já voltava a assombrar o Estádio da Luz — mas a diretoria preferiu o velho Buda Lajos Czeizler, então na Itália, ao custoso Guttmann, que continuaria a treinar o Peñarol em Montevidéu.

Béla Guttmann, quando da sua primeira contratação no Uruguai no verão de 1962, já tinha estabelecido a sua meta de trazer com o Peñarol a Copa Intercontinental para Montevidéu. Para isso, porém, primeiramente tinha que vencer a Taça Libertadores contra o Santos. Em Montevidéu também se estava à procura de meios com os quais enfrentar o futebol brasileiro. A seleção do Brasil já tinha superado o Uruguai havia muito tempo; contudo, com o Santos de Pelé, um clube também passava a ameaçar a supremacia uruguaio-argentina dos clubes das margens do Prata. Béla Guttmann, como o treinador do adversário do ano anterior na Copa Intercontinental, parecia ser a opção ideal para se conquistar a Libertadores. Assim, dois meses depois de sua triunfal vitória na Liga dos Campeões, Guttmann veio a Montevidéu com o intuito de vencer o próximo grande título continental. Não deu certo. De fato, o Peñarol chegou às finais contra o Santos, que teve que jogar por duas vezes sem Pelé. Tanto o Santos quanto o Peñarol ganharam as partidas fora de casa; já no jogo decisivo, em Buenos Aires, Coutinho voltou a ter Pelé ao seu lado, seu parceiro de um-dois, e os brasileiros fizeram 3 a 0. Essa final, diga-se de passagem, também foi arbitrada pelo holandês Leo

Horn; só que dessa vez ele não trouxe sorte. Se o Peñarol tivesse saído vitorioso do campo, Béla Guttmann teria enfrentado o Benfica na final da Copa Intercontinental. Essa queda de braço transcontinental aconteceu, só que sem ele. Num Maracanã lotado, o Benfica perdeu honrosamente por 3 a 2, mesmo com Eusébio reclamando de os santistas terem feito "cera demais" no meio-campo. Ouve-se exatamente a voz de Guttmann através das palavras do seu aluno. Um ano antes disso, Guttmann tinha colocado Eusébio em jogo durante uma turnê de amistosos contra o Santos quando perdiam por 5 a 0. Três gols do jovem atacante, marcados na sua estreia internacional, chegaram então a fazer o Santos tremer nas bases. Porém, um ano mais tarde, no jogo de volta da Copa Intercontinental, Eusébio escreveria maravilhado que "o rei Pelé... teve um dia maravilhoso". O Benfica afundou com o placar de 5 a 2.

Talvez Guttmann tenha esperado que os clamores por ele voltassem a ressoar em Lisboa. Ele estava livre, pois tinha deixado outra vez Montevidéu após a derrota contra o Santos, apesar de ter recebido uma proposta sedutora para permanecer. Contudo, em Lisboa estava-se investindo num outro estilo. O novo treinador, o chileno Fernando Riera, se distanciava do rápido futebol de ataque de Guttmann para construir um jogo de passes cerrados que, apesar de não ter o poder de desenvolver o antigo vigor físico no ataque, fortalecia a defesa do Benfica. O clube português tinha surpreendido na Liga dos Campeões com empates sem gols ao jogar fora de casa. Guttmann sempre tinha achado inaceitável que um jogo terminasse em 0 a 0. "Em todo o tempo em que estive no Benfica, só entregamos, acho, um único 0 a 0. Não me incomodava quando o adversário marcava, pois sempre fui da opinião de que conseguiríamos marcar um gol a mais que ele." Mas mesmo assim Riera seguiu avançando rodada a rodada na Liga, de modo que Béla Guttmann voltou a se despedir de seu quartel de inverno em Viena, na primavera de 1963, para assinar um lucrativo novo contrato com o Peñarol. O clube de

Montevidéu era um dos melhores endereços no futebol de clubes sul-americano. Ele tinha se desmembrado do Central Uruguay Railway Cricket Club (CURCC), uma fundação inglesa no pequeno mas altamente desenvolvido Uruguai da virada do século. Ainda por muito tempo chamou-se os torcedores e acionistas do Peñarol de "os ingleses". O pequeno Estado era governado de maneira progressista em comparação com seu grande vizinho; a política incentivava o esporte, e dessa forma chegou-se, antes do que em qualquer outro lugar, à ideia de permitir que as camadas mais pobres participassem da maquinaria do jogo. Montevidéu se transformou numa base de formação do futebol internacional. Incitada pela concorrência argentina, o esporte alcançou ali já muito cedo um alto nível. O torneio olímpico de futebol de 1924, no qual a equipe húngara de Béla Guttmann fracassara, foi vencido pelo Uruguai de maneira tão convincente quanto o de 1928. O Uruguai venceu a primeira Copa, já televisionada, em 1930, assim como o Mundial de 1950, o primeiro a ser disputado depois da Segunda Guerra Mundial. Os ingleses no Uruguai só conseguiram competir em alto nível porque estavam abertos ao profissionalismo e à aceitação de jogadores negros, e dessa forma os times nacionais surpreenderam os europeus já na década de 1920 com suas estrelas negras. A testemunha mais confiável do futebol uruguaio, o escritor Eduardo Galeano, considera o time do Peñarol da década de 1960 a melhor equipe de clubes do mundo, sucessora legítima do Real Madrid.

Abertura e liberalidade faziam parte do clima de trabalho do Peñarol. Béla Guttmann falou ao seu interlocutor Csaknády com muita nostalgia sobre o modo cavalheiresco que lhe dispensaram por lá. Contudo, não passou a impressão de que quisera perseguir metas de longo prazo no Uruguai. Guttmann deu informações precisas sobre as premiações que lhe eram prometidas: receberia 82 mil pesos pela Copa Libertadores, e 110 mil pesos pela Copa Intercontinental. Na época, onze pesos equivaliam a um dólar. Foi-lhe transferido para a Suíça um adiantamento de US$ 10 mil, quando ainda estava na Europa. Guttmann divulgou publicamente todos esses números em 1964 — algo que nenhum treinador de hoje teria coragem de fazer. Para ele, não era dinheiro o mais importante; essas somas expressavam o reconhecimento de sua atividade. O apartamento de três quartos no hotel de luxo Victoria Plaza também se somava ao contrato. As notícias que se tem sobre sua atividade como treinador são contraditórias; porém, as exigências em Montevidéu eram as mais altas de todas, e nem sempre ele estava bem com a imprensa.

Sua série de vitórias na Copa Libertadores foi interrompida pelos argentinos do Boca Juniors após um placar de 1 a 0. Ele teve que abrir mão da esperança de retornar à Europa como o resplandecente desafiador na luta pela Copa Intercontinenal, e se demitiu mais uma vez da noite para o dia, a fim de retornar a Viena. "Nos meus 25 anos de carreira como treinador, encontrei uma única vez a melhor diretoria de clube e os funcionários com o melhor caráter de todos: no Peñarol! E foi justamente a eles que não consegui trazer a coroação, o chamado grande êxito!" Essas palavras se direcionavam, sobretudo, ao público futebolístico europeu, que o tinha submetido a "sofrimentos e humilhações". Ele queria mostrar a eles uma vez mais, e se empenhou na busca por algo que ele não havia conseguido alcançar até então.

Seus contatos em Viena tinham crescido com o passar das décadas; sempre tinha frequentado a cidade às margens do Danúbio, ela que tinha sido um ponto de inflexão para a sua carreira. Ali ele partiu, desde o início, para a antiga escola do profissionalismo, que lhe possibilitou, em primeiro lugar, o treinamento sistemático. E a Viena do futebol sofria com a perda de importância como antiga metrópole europeia do esporte. O homem forte no Austria, o negociante de carros Joschi Walter, já tinha tentado contratar Béla Guttmann em 1962, depois do final da temporada da Liga dos Campeões. Mas o retorno financeiro que ele imaginava estava muito acima das possibilidades do Austria. Walter amadurecia a ideia de não só transformar o Austria, por meio de fusão, num grande clube vienense de dimensão europeia, mas também de reformar todo o futebol de ponta austríaco. Walter estava reagindo à bem-sucedida implantação do estatuto do jogador licenciado na Bundesliga[5] alemã em 1963, o que ele via como uma chance de reformar também o futebol austríaco. Sem receber nada, assumiu, no outono de 1963, o papel de liderança da Federação Austríaca, e convenceu Béla Guttmann, o parceiro de muitos cafés, a assumir uma seleção nacional em crise, igualmente sem ganhar nada. Os cinco jogos disputados pela seleção austríaca em 1964 foram conduzidos por Guttmann sem que ele recebesse honorários. De chapéu e sobretudo, o experiente treinador realizava verdadeiros milagres motivacionais. Ele trabalhou com os jogadores, mobilizando o público vienense. Dessa forma, conseguiu um empate por 1 a 1 contra os emergentes holandeses em Amsterdã e, para a contagiante alegria de todos, uma vitória por 1 a 0 contra a renovada Hungria. Depois disso, foi proposto a ele um contrato de cinco anos por 5 mil marcos mensais. Guttmann hesitava. Por seu intermédio, realizou-se um amistoso contra o Uruguai. Contra a competente defesa sul-americana, seus boleiros austríacos semiamadores não conseguiram jogar, e perderam por 2 a 0. E logo o ânimo ameaçou desabar. Não se poderia duvidar que os austríacos conseguiriam de fato endossar as reformas de Walter? Certamente Béla Guttmann sabia que nos clubes também era necessário trabalhar e treinar de modo diferente. Os jogadores não eram incentivados o suficiente no futebol austríaco. Um treinador de seleção — isso ele percebeu logo — dependia do trabalho diário nos clubes. Só conseguia motivar os jogadores com o seu carisma característico, nas grandes partidas entre países: "Vocês não devem driblar nem dar muitos passes na frente

---

5. Bundesliga: nome original do Campeonato Alemão de Futebol da primeira divisão. [N.E.]

do gol adversário. Vocês têm que chutar de imediato, chutar e chutar de novo! É como se vocês estivessem com suas esposas ou namoradas, e ficassem sempre só dando beijinhos e carícias. Vocês têm que, também com elas, meter um gol lá dentro — lá dentro, lá dentro — e é só então que haverá sorrisos!" Isso serviu, pelo menos, para conseguir um 3 a 2 contra a Iugoslávia. Já em 11 de outubro de 1964, no seu último jogo de seleções contra a então ascendente União Soviética, adoeceu e não ficou no banco. Os austríacos chegaram a ganhar por 1 a 0, porém o treinador foi escarnecido pela mídia. Seu protetor Joschi Walter se retirou, decepcionado por suas sugestões de reforma terem ido por água abaixo, e Béla Guttmann não conseguia mais então acreditar seriamente em um grande futuro para o futebol do selecionado austríaco.

O Natal de 1964 ele passou em Lisboa. O Benfica não tinha desistido, porém Guttmann hesitava. Circulavam sempre novos incentivos, como US$ 100 mil por temporada, casa em bairro nobre, carro com chofer, férias remuneradas na Austrália, etc. Guttmann admitiu com sinceridade: "Sou o treinador mais caro do mundo, mas sou barato tendo em vista os meus êxitos. Observe a contabilidade do Benfica. Quando comecei lá em 1959, o Benfica ganhava US$ 2,5 mil por um *match*; o meu trabalho e os meus êxitos fizeram com que a garantia subisse para US$ 30 mil por *match*. Fiz o Benfica ficar famoso, porém eram sempre os outros que lucravam com isso."

Ele parecia apreciar o blefe das negociações, porém por trás de suas altas exigências certamente se escondiam também os seus temores de que essa aventura poderia terminar mal. Seus contatos em Lisboa nunca se perderam, apesar das querelas com os senhores dos andares superiores. Eusébio conta que a equipe recebeu um telegrama do "velho simpático" antes da primeira final da Liga dos Campeões disputada sem ele, e Mário Coluna o leu no vestiário antes do pontapé inicial. Depois da derrota para o AC Milan, José Águas mudou-se para o Austria de Viena. É difícil de acreditar que Béla Guttmann não tenha sido padrinho nessa transferência. Porém, como não houve acordo na primavera de 1964, o Benfica acabou contratando Elek Schwartz, que tinha modernizado o futebol holandês e, mais tarde, viria a colocar o time da Bundesliga Eintracht Frankfurt no esquema 4-2-4. Com Schwartz, o Benfica não só voltou a ser campeão, mas também chegou à final em Milão no dia 27 de maio de 1965, justamente contra a Inter. O local da peleja, o estádio San Siro, já era uma escolha infeliz por parte da Uefa. Contudo, o azar foi maior ainda: o goleiro Costa Pereira não cometeu somente um erro decisivo, como também se contundiu nos onze minutos da segunda etapa, de forma que o Benfica teve que colocar no gol um jogador de linha. A Inter não se esforçou para aumentar o placar frente ao público de casa. Eusébio quase conseguiu o empate com um chute violento. Só que no banco da Inter estava Helenio Herrera, o homem que já tinha derrotado um ano antes o Real Madrid e também o Benfica com seu frio futebol pragmático. Seu *Catenaccio* reinava.

A diretoria do Benfica já não poupava mais custos nem esforços para conseguir Béla Guttmann de novo para a temporada de 1965/66. De fato, o futebol excepcional proposto por Guttmann já quase não se via mais. Eusébio caracterizou aquela temporada como "sombria", apesar de ter sido escolhido por unanimidade como o jogador mais espetacular da Copa do Mundo de 1966 na Inglaterra. Com ele, os portugueses alcançaram o terceiro lugar. Guttmann, porém, queria mesmo era ganhar pela terceira vez a Liga dos Campeões. Campeonatos e torneios nacionais não eram nada de especial para essa equipe do Benfica desde 1959, seu primeiro ano como treinador; contudo, o terceiro êxito numa grande final europeia, que teria confirmado o título de sucessor do Real Madrid — esse triunfo ainda faltava. No começo, tudo correu como de costume: os luxemburgueses do Stade Düdelingen foram mandados para casa com um resultado final de 18 a 0; contra a equipe extraordinariamente forte do Levski Sofia conseguiu-se, depois de um empate por 2 a 2 fora de casa, uma vitória por 3 a 2 no Estádio da Luz. Na rodada seguinte, o Benfica teria que entrar em campo contra um dos mais temíveis adversários: o Manchester United. Às vésperas da Copa do Mundo de 1966, o futebol inglês estava em ascensão, as equipes inglesas vinham se aprimorando continuamente ao longo dos embates pela Liga, e os jogadores ingleses tinham acumulado experiência sobre o futebol continental jogando por clubes italianos. No jogo de ida em Manchester, a assinatura de Guttmann ainda podia ser reconhecida. Os dois gols marcados fora de casa — num placar de 2 a 3 — davam esperanças para o jogo de volta em Lisboa, pois até então o Benfica nunca tinha perdido um jogo da Liga em casa. Em 9 de março de 1966, frente a 70 mil espectadores, Max Urbini do *France Football* entregava a "Bola de Ouro" para Eusébio, o "Jogador Europeu do Ano". O show dos favoritos podia então começar. Porém, já antes do jogo, Béla Guttmann causou estranheza ao público com uma dura crítica à sua própria equipe: "O Benfica se tornou um time de jogadores ricos e cansados que não têm mais motivação nenhuma." Ele queria motivar seus jogadores com essa afirmação, retratou-se posteriormente, porém a diretoria colocou uma mordaça no treinador — que sabia lidar com a imprensa e que considerou essa decisão uma humilhação então sem precedentes em toda a sua carreira. O desastre seguiu o seu percurso: o Manchester teve o seu momento de glória, e George Best, com recém-completados 19 anos, teve a sua grande estreia. O Benfica foi despachado com um 5 a 1 frente à própria torcida. Depois disso, as coisas só piorariam ainda mais. Quiseram colocar um coordenador de futebol ao lado de Guttmann, ao que ele se opôs com veemência. Ele mesmo tentou disciplinar o time, colocando jogadores reservas para jogar. Tanto o campeonato nacional quanto a Taça de Portugal foram perdidos. Uma temporada sem perspectiva de disputar a Liga dos Campeões significou o fundo do poço no longo balanço de êxitos do Benfica. Béla Guttmann teve que sair ainda antes do fim da temporada.

Ferenc Puskás e Alfredo Di Stéfano com o uniforme do Real Madrid

A sua época tinha acabado — pode-se dizer isso facilmente. Ao conhecido jornalista de Viena Martin Maier ele prometera já em 1964: "Nunca me deixei confundir pelos meus êxitos. Sempre pensei que um dia tudo teria que acabar. E esse pensamento me protegeu de construir castelos nas nuvens. Como jogador, saí nos momentos certos, troquei de clubes nos momentos certos, e como treinador vou sair nos momentos certos." Contudo, depois do retorno malsucedido ao Benfica, só houve contratações infelizes. Durante um interlúdio no Servette de Genebra, Guttmann não conseguiu se entender nem com os jogadores nem com a imprensa. O cosmopolita poliglota que tinha ensinado o futebol em cinco línguas não conseguia se entender com o francês. O empreendimento seguinte, para o qual ele ainda não estava bem preparado, terminou de maneira ainda mais aventurosa. O Panathinaikos de Atenas vivia uma convulsão de brigas internas; uma parte do clube tinha se rebelado contra o antigo jogador croata e então treinador por muitos anos, Stjepan Bobek. As rivalidades políticas durante o golpe militar de 1967 também desempenharam um papel dúbio nessas intrigas. Béla Guttmann não estava entendendo absolutamente nada do que acontecia, e acabou por desaparecer muito rápido da capital grega. Porém, mesmo em Viena não conseguiu se livrar do futebol: na primavera de 1973, por necessidade, foi parar no Austria, e depois disso voltou mais uma vez para o FC Porto. Mas o seu mito estava gasto, e sua assinatura não era mais reconhecível nos resultados de suas malsucedidas equipes. A única coisa que lembrava o velho Guttmann era a disposição para aceitar os riscos de colocar em jogo a própria reputação. Sem dúvida errou nos cálculos quando aceitou o posto no Benfica em 1965, e faltava-lhe cada vez mais a sensibilidade para o mundo dos jogadores, que estava em transformação. O ataque público à sua equipe antes do jogo decisivo tinha sacudido sua própria autoridade. Para trás ficou um ofendido Eusébio, que se sentiu injustamente acusado de ter uma conduta moral instável. Foi só meses mais tarde que os jogadores do Benfica, que compunham o núcleo duro da seleção nacional portuguesa da Copa de 1966, comprovaram a sua vitalidade — talvez até mesmo impulsionados pela crítica, a seus olhos, injustificada. Podemos arriscar a dizer: Portugal jogou na Inglaterra ainda uma última vez o espetacular futebol de Guttmann. O Brasil foi derrotado na contenda lusitana por 3 a 1; a equipe-sensação da Coreia do Norte foi batida por 5 a 3, com quatro gols de Eusébio; e a anfitriã Inglaterra precisou apresentar a sua melhor performance da temporada para se sagrar vitoriosa na semifinal contra Portugal com magros 2 a 1.

Permaneceu gravado na memória do escritor uruguaio e aficionado por futebol Eduardo Galeano o Eusébio da Copa do Mundo de 1966: "Um africano de Moçambique, o melhor jogador da história do futebol português. Eusébio: longas pernas, ombros caídos, olhar triste." Tristeza também soa nas lembranças de Eusébio, nas quais ele se defende contra a crítica de Guttmann, a seus olhos, totalmente injustificada. De fato Guttmann tinha enterrado sua própria autoridade quando jogou antecipadamente a responsabilidade por um possível insucesso sobre os jogadores. Teria ele esquecido por completo a sua própria época de jogador? Não seria a situação das décadas de 1920 e 1930 comparável com a época depois de 1960? No campo, o jogador possuía mais autonomia, para espanto dos treinadores. Guttmann tinha sido ele mesmo um jogador que soubera aproveitar essa força — também para o desenvolvimento do jogo. Ao se ler os relatos de jogos nos quais se conta a maneira com que a dupla de corredores Guttmann e Grünwald, do Hakoah, com seu um-dois, fazia os meios-campistas adversários dançarem em campo, pode-se supor que o sistema 4-2-4 já tinha nascido em 1925. Antigamente o treinador ficava na lateral do campo, diz Galeano, "e ninguém dava muita atenção a ele. O treinador morreu, de boca fechada, quando o jogo deixou de ser jogo e o futebol profissional precisou de uma tecnocracia da ordem. Então nasceu o técnico, com a missão de evitar a improvisação, controlar a liberdade e elevar ao máximo o rendimento dos jogadores, obrigados a transformar-se em atletas disciplinados."[6] Se observarmos a história do futebol no século XX sob esse aspecto, ela pode ser vista como uma "viagem da ousadia ao medo", como Galeano formula de maneira certeira. Béla Guttmann entrou nessa viagem pela direção contrária.

Para o jogador profissional Béla Guttmann, o futebol como profissão era, desde meados da década de 1920, uma necessidade de vida, e seu amor tanto como jogador quanto como treinador era pelo futebol ofensivo. Se tivesse sido um "diretor técnico" que apenas racionalizava o jogo, como Galeano descreve com pessimismo a tendência global do século XX na cultura do futebol, ele teria sido nada além de um dentre muitos. Contudo, utilizou sua experiência como *outsider* para aplicar seu conhecimento de maneira surpreendente e inventar o futebol como um estado de exceção. Ele conseguiu transferir o espírito ofensivo da sua época de jogador para sua experiência como treinador, pois conhecia as fragilidades das origens do futebol profissional. Para poder inverter a relação de favorito e de *outsider*, tinham que ser criadas determinadas condições. Antes de permitir que a arte do jogo se desenvolvesse, tinha que formar, antes, as bases atlética e técnica necessárias. Isso fazia parte da escola húngara da segunda metade da década de 1940. A graça de jogar advinda do futebol do Danúbio podia ser salva se combinada com a eficiência. Os relatos sobre o sistemático treinamento de chutes a gol feito por Guttmann repetem-se por mais de um quarto de século — na Hungria, na Itália, na Argentina, no Brasil, no Uruguai, em Portugal e, finalmente, em Viena. Mas mesmo os protestos contra seus métodos de treinamento nunca se calaram, desde o Milan até o Peñarol: treinos duas vezes por dia, concentração na véspera dos jogos e mais um dia de treinamento estendido após a partida, além da exigência de estar na cama antes das 23 horas! Para manter esse ritmo, o treinador precisava de autoridade, que é constantemente ameaçada no sistema

---

6. *Futebol ao sol e à sombra*, 2004. Cf. capítulo "Prorrogação". [N.T.]

do futebol profissional. Muito mais do que no norte da Europa, os grandes clubes do mundo latino eram conduzidos por dignitários que se consideravam a nata da sociedade. Contudo, Guttmann não queria trabalhar no norte porque precisava da cultura de jogo do sul, com sua ênfase mais forte no domínio de bola e no passe curto como precondições para se compensar, segundo um plano minucioso, déficit corporal e de eficiência. No complexo social do grande clube conduzido por dignitários ou mecenas, o treinador com o perfil de Guttmann — o treinador como especialista, venerado pelo público — encontra-se em concorrência direta com seus chefes. Somente êxitos duradouros podem preservar a sua autoridade. O "diretor técnico", cuja ascensão inexorável Galeano lamenta longamente, tenta segurar esse êxito com a cientificização do jogo, preferindo, por medo — pois é mais fácil evitar do que marcar gols — o jogo defensivo. O sempre presente 0 a 0 ou o 1 a 0 representa, contudo, a morte fria do futebol.

*

O futebol vive do presente do momento jogado. Com cada pontapé inicial floresce a esperança de que surja algo diferente em relação ao que já se espera. Por isso, o futebol também atrai forças que esperam do jogo algo diferente da confirmação da ordem estabelecida. A profissionalização do jogo possibilitou que pudessem jogar cada vez mais pessoas que, de início, não eram incluídas: trabalhadores, judeus, imigrantes, descendentes de escravos. Para eles, o futebol é mais do que a coisa mais importante dentre as menos importantes do mundo; ele promete uma outra vida. Béla Guttmann, que foi um emigrante em toda sua trajetória, desenvolveu uma visão afiada para o potencial dos *outsiders* de sacudirem o que está estabelecido.

Assim, a vida desse treinador se lê como um levante repetido e sistematicamente planejado contra o domínio mortal do futebol defensivo. Esses levantes só puderam dar certo porque o próprio futebol produz as forças que se opõem ao domínio do jogo defensivo. "Sempre quis oferecer aos espectadores algo pelo seu dinheiro", declarou Guttmann com sinceridade. Porém, em sua ousadia ele incluía no cálculo a memória curta desse poderoso mas inseguro aliado: "Um treinador assume um risco colossal em cada novo clube: ele coloca em jogo tudo o que tem. E, de fato, não somente todo o seu passado, mas também o seu futuro. Pois o público futebolístico esquece rapidamente os êxitos de um treinador, mas as derrotas ficam por muito tempo na lembrança." Em retrospectiva histórica, o balanço parece diferente; porém, para se ver isso deve-se primeiramente estar diante da lápide de uma vida já concluída. Os traços das contratações malogradas foram apagados; retornam na memória as situações excepcionais. A singular vitória do time judeu Hakoah no Campeonato Austríaco, o time dos sonhos da Hungria de 1950, o estilo arrebatador do Brasil de 1958 e as duas finais triunfantes do Benfica na Liga dos Campeões, em 1961 e 1962, estão conectadas com o nome de Béla Guttmann. Como uma exigência e como uma promessa, a lembrança desses êxitos se coloca acima de toda Copa do Mundo e de toda temporada de Champions League. A resposta não é a nostalgia ou um pessimismo quanto à cultura do jogo, mas sim um esforço cerebral intenso para mobilizar novos recursos que permitam ao *outsider* trazer algo novo ao jogo. Em 1962, nas arquibancadas do estádio de Amsterdã, já figuravam futuros jogadores do Ajax que em menos de dez anos empolgariam o mundo com o *voetball totaal* [futebol total].

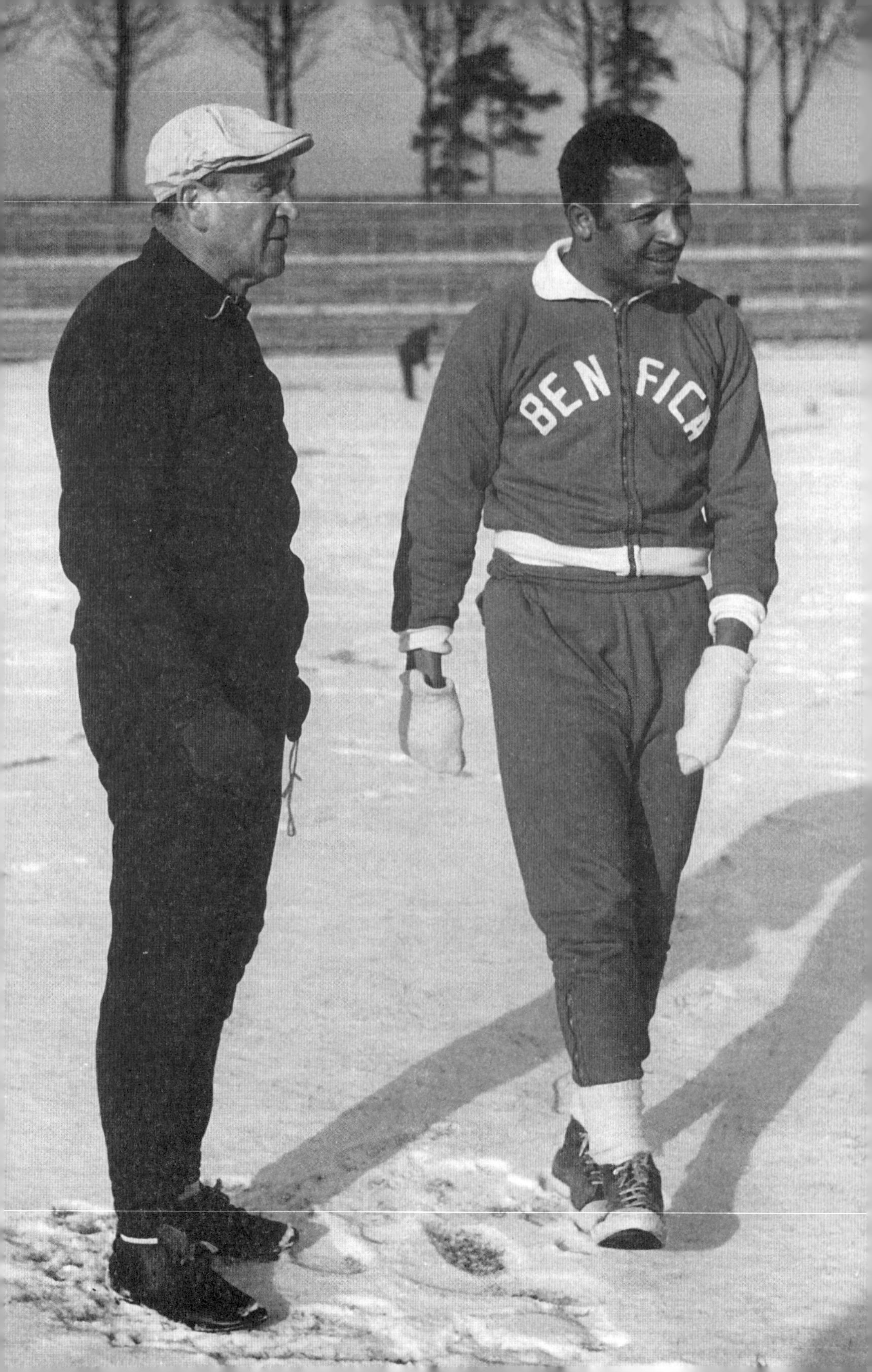
BENFICA

Prorrogação

Como se pode alcançar Béla Guttmann? Wolfgang Fuhr, que adquiriu o espólio e financiou em 2001 a publicação do merecido catálogo de tom biográfico *Die Trainerlegende — Auf den Spuren Béla Guttmanns* [*O treinador lendário — Nos passos de Béla Guttmann*], ainda tinha em mãos boa parte dessas coisas no outono de 2005. Muito já tinha retornado a ele. Ele me convidou para olhar as peças restantes. Porém, nem mesmo os documentos pessoais revelaram algo realmente secreto.

Em 1954, Béla Guttmann viajou com um documento de viagem italiano, que tinha validade restrita a poucos países da Europa Ocidental. Mesmo assim, ele pôde ir à Copa do Mundo de 1954 na Suíça, e depois também entrar na Áustria. Esse *documento di viaggio* tinha sido elaborado com os dados de um passaporte argentino obtido por ele em 1953. As suas relações civis só foram finalmente esclarecidas em 1956, com a concessão da cidadania austríaca. A carta de recomendação da Federação Austríaca de Futebol anexa ao documento indica que ele tinha jogado pelo Hakoah de Viena entre 1920 e 1927, e que entre 1933 e 1938 atuara como treinador do mesmo clube. A ênfase na continuidade parece ser mais importante do que a exatidão das informações. Não era necessário fazer muitas referências ao momento histórico para os judeus; o nome Hakoah ainda falava por si na Viena de 1956. Contudo, deve-se sempre contar com imprecisões numa história como essa. Muito se atribui a relatos transmitidos oralmente, e por isso os detalhes biográficos neste texto devem ser tomados *cum grano salis*.

Guttmann e Coluna num treino de inverno no estádio de Nuremberg, 1962

Frequentemente, porém, dados futebolísticos também não são livres de contradições. Isso vale para outra fonte importante: em 1996, foi publicado no jornal *Libero International* um artigo sobre Béla Guttmann na série "Treinadores lendários do futebol mundial", para o qual forneceram informações doze autores de diferentes países.

No espólio de Béla Guttmann encontra-se uma braçadeira de treinador cujo uso identifica o portador como *Edző* [treinador]. Não pude encontrar nenhum documento que comprovasse uma atuação de Guttmann como treinador da seleção nacional da Hungria — algo afirmado nesse catálogo, mesmo que relativo a um curto período de tempo. Uma brochura portuguesa do ano de 1960 — que não pode ter sido publicada sem a colaboração de Guttmann — corrobora essa atuação como treinador da seleção, cujo início é colocado por R. Keifu em 1947, simultaneamente ao início do trabalho de Guttmann no Újpest. Contudo, não é possível confirmar essa informação a partir dos anais históricos húngaros a que tive acesso. De todo modo, na já muitas vezes citada *Béla Guttmann Story*, de Jenö Csaknády, foi publicada uma foto que o mostra em pose de treinador com todas as estrelas húngaras, provavelmente de diversos clubes: Kubala, Hidegkuti e Puskás. Kubala atuou por três vezes na seleção nacional húngara, todas elas durante a Copa dos Bálcãs de 1948, mas esses jogos não são os mesmos que R. Keifu menciona e atribui a Béla Guttmann como treinador da seleção. Uma vitória mencionada por Keifu por 4 a 3 sobre a Áustria aconteceu de fato em 16 de outubro de 1949, enquanto a vitória por 7 a 4 sobre a Suíça é datada de 22 de abril de 1948 — todas informações contraditórias. Agradeço a Hardy Kühne, que escreveu o catálogo sob o pseudônimo de R. Keifu, por ter me comunicado muito abertamente não se lembrar com exatidão de onde tinha tirado esses dados. Já não é mais possível esclarecer várias dessas coisas. Na internet encontram-se muitas fontes e, com frequência, conhecedores dispostos a ajudar. No site www.rsssf.com pode-se pesquisar muitos detalhes da história do futebol; contudo, infelizmente, nem todas as questões de história do futebol lançadas pela vida de Guttmann podem ser esclarecidas.

Devo agradecimentos especiais a W. Ludwig Tegelbeckers, que até o momento é quem escreveu de maneira mais consistente sobre Béla Guttmann, pois não transformou seu conhecimento num segredo industrial. No seu extraordinário artigo "Béla Guttmann — Weltenwanderer ohne Kompromiß" ["Béla Guttmann — Peregrino sem compromisso"][7], ele não menciona uma atuação do personagem retratado como treinador da seleção húngara. Sua suposição — publicada em 2003 na internet (no site www.s-port.de) — de que o Brasil teria sido o país para o qual Béla Guttmann teria fugido entre 1940 e 1945, infelizmente não pôde ser confirmada.

A brochura portuguesa que louva Bella Guttmann (na grafia portuguesa) como *O Senhor Professor* permite concluir que o viajado *coach* dominava cinco línguas: húngaro, alemão, inglês, italiano e "português misto". Considerando-se o poliglota Guttmann, isso desmente a tese de que ele teria passado o início da década de 1940 em um país lusófono. Espanta também o fato de que o espanhol não conste obviamente entre as línguas dominadas por ele, apesar das estadias mais longas no *Cono Sur*. Os adesivos em sua mala indicam que ele ficou no Hotel Danúbio, em São Paulo. As relações com imigrantes austro-húngaros na América Latina fizeram com que o aprendizado da língua local não se tornasse algo indispensável, mesmo na vida no hotel. Jornais guardados por ele mesmo relatam, ainda em 1960, que o treinamento feito por Guttmann em Portugal teria se baseado num "esperanto do futebol".

---

7. Publicado em Dietrich Schulze-Marmeling (org.), *Davidstern und Lederball. Die Geschichte der Juden im deutschen und internationalen Fußball*. Göttingen: Die Werkstatt, 2003.

Durante o trabalho neste livro, veio-me à lembrança por diversas vezes a frase de Freud que diz que a verdade biográfica não é acessível, e, se o fosse, não serviria de nada. Sou também muito grato aos conhecedores das cenas futebolísticas estrangeiras que me possibilitaram compreender coisas que me teriam ficado desconhecidas por não tê-las observado eu mesmo. Em primeiro lugar, quero mencionar John Bunzl de Viena que, com seu livro *Hoppauf Hakoah — Jüdischer Sport in Österreich* [*Avante Hakoah — Esporte judaico na Áustria*, Viena, 1987], forneceu informações valiosas sobre os mundos esportivos judaicos que teriam sido relegadas ao conhecimento oral. John Bunzl também me passou os contatos de pesquisadores austríacos de futebol que, como Matthias Marschik e Roman Horak, estiveram ao meu lado com ajuda e conselhos, para além dos seus belos livros. Roman Horak publicou, respectivamente com Wolfgang Reiter e Wolfgang Maderthaner, os livros *Die Kanten des runden Leders — Beiträge zur europäischen Fußballkultur* [*As bordas da redonda — Artigos sobre a cultura europeia do futebol*, Viena, 1991] e *Mehr als ein Spiel — Fußball und populäre Kulturen* [*Mais que um jogo — O futebol e as culturas populares*, Viena, 1997]. O futebol do Danúbio ganhou um rosto na memória por meio desses livros. A importância da Mitropacup foi analisada com profundidade, pela primeira vez, por Matthias Marschik, em conjunto com Doris Sottopietra, em seu estudo *Erbfeinde und Haßlieben — Konzept und Realität Mitteleuropas im Sport* [*Inimigos mortais e amor-ódio — Conceito e realidade da Europa Central no esporte*, Münster, 2000]. Sua história do Austria de Viena, publicada em 2001 na ocasião do jubileu de noventa anos do clube, é um documento extraordinário que permite compreender muito melhor os altos e baixos do mundo futebolístico vienense. Marschik me chamou a atenção para Norbert Looper, o lendário secretário do Austria na década de 1960. Looper confirmou a extrema reserva de Guttmann em falar sobre a época entre 1940 e 1945. Ele mesmo supunha que Guttmann tivesse vivido esses anos escondido na Hungria. Sobre o futebol húngaro aprendi muitas coisas com Miklos Hadas. Em 2002 saiu um artigo seu em alemão, "Fußball im sozialen Kontext — Ungarn 1890-1990" ["Futebol no contexto social — A Hungria de 1890 a 1990"], no livro de Michael Fanizadeh e outros, *Global Players — Kultur, Ökonomie und Politik des Fußballs* [*Global Players — Cultura, economia e política do futebol*, Frankfurt, 2002]. Obviamente devem ser mencionados também os artigos de Marschik e de Horak que saíram nessa coletânea. Viena esteve também cientificamente à frente do resto do continente no que se refere à pesquisa do futebol.

Os ingleses não inventaram somente o futebol profissional, mas também o relato esportivo. Segue essa tradição o livro organizado por Rogan Taylor e Klara Jamrich, intitulado *Puskas on Puskas — The Life and the Times of a Footballing Legend* [*Puskás sobre Puskás — A vida e a época de uma lenda do futebol*, Londres, 1998], que surgiu a partir da série da BBC *Kicking and Screaming*. Não é de se admirar que a reflexão científica sobre o futebol também estivesse especialmente avançada na ilha. Devo muito aos trabalhos de Stephen Wagg, sobretudo à coletânea organizada por ele, *Giving the Game Away* [*Abandonando o jogo*, Londres, 1995]. Claramente, a transmissão da Copa do Mundo de 1994 nos Estados Unidos deu impulso internacional para a pesquisa do futebol. Andrei Markovits já tinha se perguntado, num artigo de 1987, por que não existia futebol nos Estados Unidos. Juntamente com Stephen Hellermann, ele deu uma resposta completa: o livro *Im Abseits — Fußball in der amerikanischen Sportkultur* [*Em impedimento — O futebol na cultura esportiva norte-americana*, Hamburgo, 2002]. Na Alemanha, remetemo-nos aos trabalhos pioneiros de Christiane Eisenberg. Ela organizou a coletânea *Fußball, soccer, calcio — Ein englischer Sport auf seinem Weg um die Welt* [*Futebol, soccer, calcio — Um esporte inglês em seu percurso ao redor do mundo*, Munique, 1997], que ousa fazer, assim como a coletânea de Wagg, comparações internacionais verdadeiramente desafiadoras que se entrelaçam umas com as outras na história de vida do treinador Guttmann. Não se chega de fato a mencionar o nome de Guttmann, mas sim o futebol e os jogadores de que trata a história dele — e de fato num dos mais encantadores livros sobre futebol já escritos: *Futebol ao sol e à sombra*, de Eduardo Galeano.[8]

Na Alemanha, foram em especial as publicações da editora Die Werkstatt, de Göttingen, que tornaram o conhecimento sobre futebol acessível em uma nova forma. Para a minha apresentação, foram extremamente úteis as numerosas publicações de Dietrich Schulze--Marmeling, mas também a história especial da Liga dos Campeões de Ulrich Hesse-Lichtenberger, *Flutlicht und Schatten — Die Geschichte des Europapokals* [*Luz de holofotes e sombras — A história da Liga dos Campeões*, Göttingen, 2005]. O livro de Christoph Bausenwein, *Geheimnis Fußball — Auf den Spuren eines Phänomens* [*Segredos do futebol — No rastro de um fenômeno*, Göttingen, 1995], deve ser valorizado como marco pioneiro científico na Alemanha.

No Brasil, ajudou-me muito Alexandre Fernandez Vaz, que conheço desde o seu doutorado em Hannover (cuja dissertação foi publicada em livro sob o título *Sport und Sportkritik im Kultur- und Zivilisationsprozeß — Analysen nach Adorno, Horkheimer, Elias und DaMatta* [*Esporte e crítica a esporte — Análises segundo Adorno, Horkheimer, Elias e DaMatta*, Gießen, 2004]. Sou igualmente grato a Nina Clara Tiesler, que me possibilitou o acesso ao periódico *A Bola*, o maior jornal português de futebol, e que entrou em contato ela mesma com Eusébio. Ela também me passou o contato de João Nuno Coelho, que me transmitiu valiosas informações sobre o futebol português. A busca pelos passos de Béla Guttmann poderia se estender infinitamente, pois as pessoas que o encontraram e que poderiam nos fornecer uma imagem dele estão espalhadas por todo

---

8. Publicado no Brasil em tradução de Eric Nepomuceno e Maria do Carmo Britto pela L&PM Pocket em 2004. [N.T.]

o mundo. Para mim foi importante escrever o livro agora, no limiar de uma nova era do futebol, para deixar claro, a partir de uma história de vida, que foi só com a profissionalização internacional do futebol que foi possível a esse esporte triunfar no século XX. O futebol sempre reaviva a esperança por uma nova ascensão; ele vive da renovação do espírito ofensivo. Com ele, parece possível ascender a partir de precárias condições de vida; porém, mesmo o maior êxito é passageiro e frágil. Com sua rápida troca de posições, Béla Guttmann tentou dar um jeito nessa infidelidade.

O time do FC Barcelona, 1961: de pé (da esquerda para a direita): Antonio Ramallets, Foncho, Gensana, Gracia, Verges, Segarra; agaixados (da esquerda para a direita): Evaristo, Sándor Kocsis, Ladislao Kubala, Luis Suarez, Succo

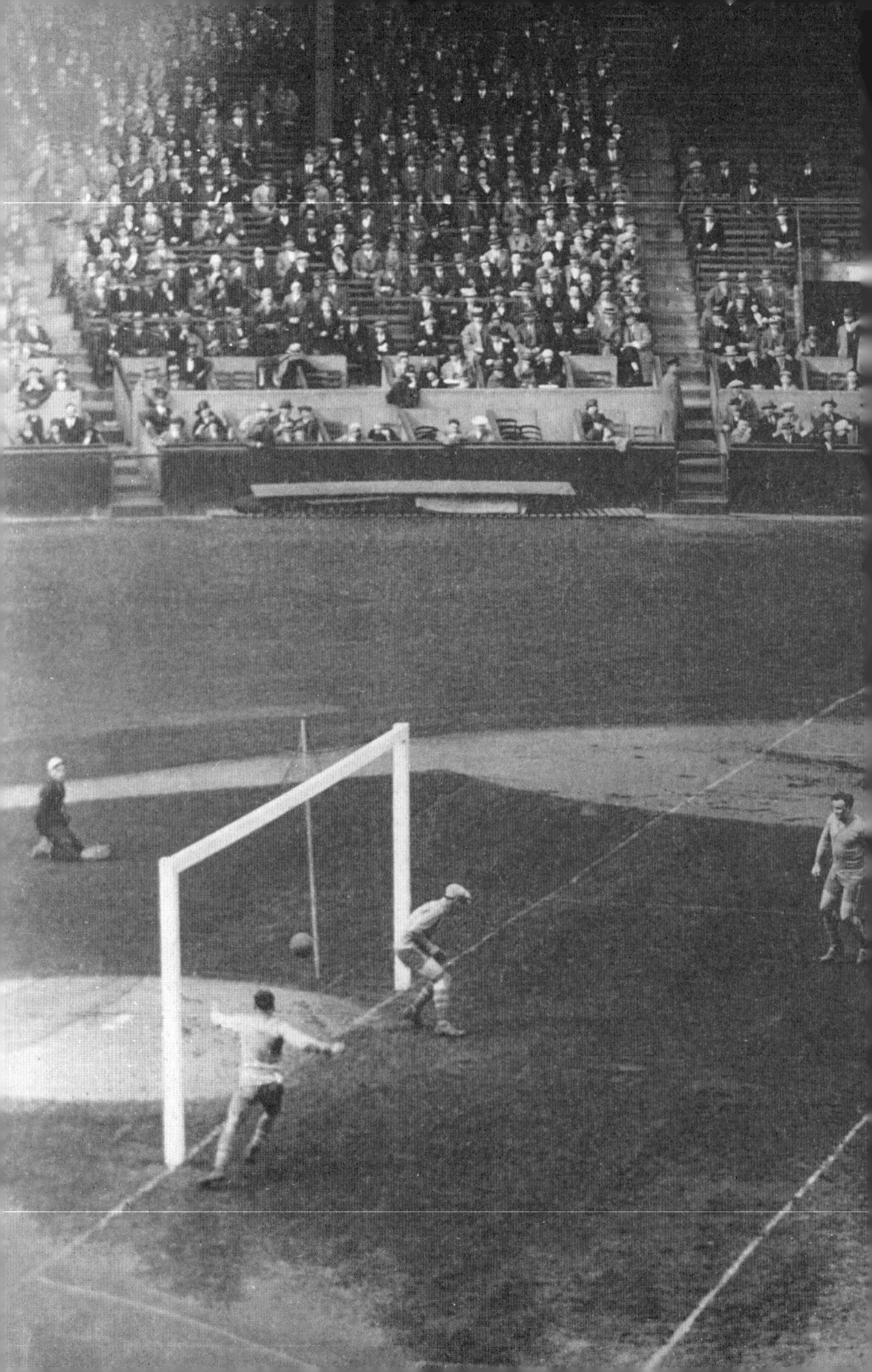

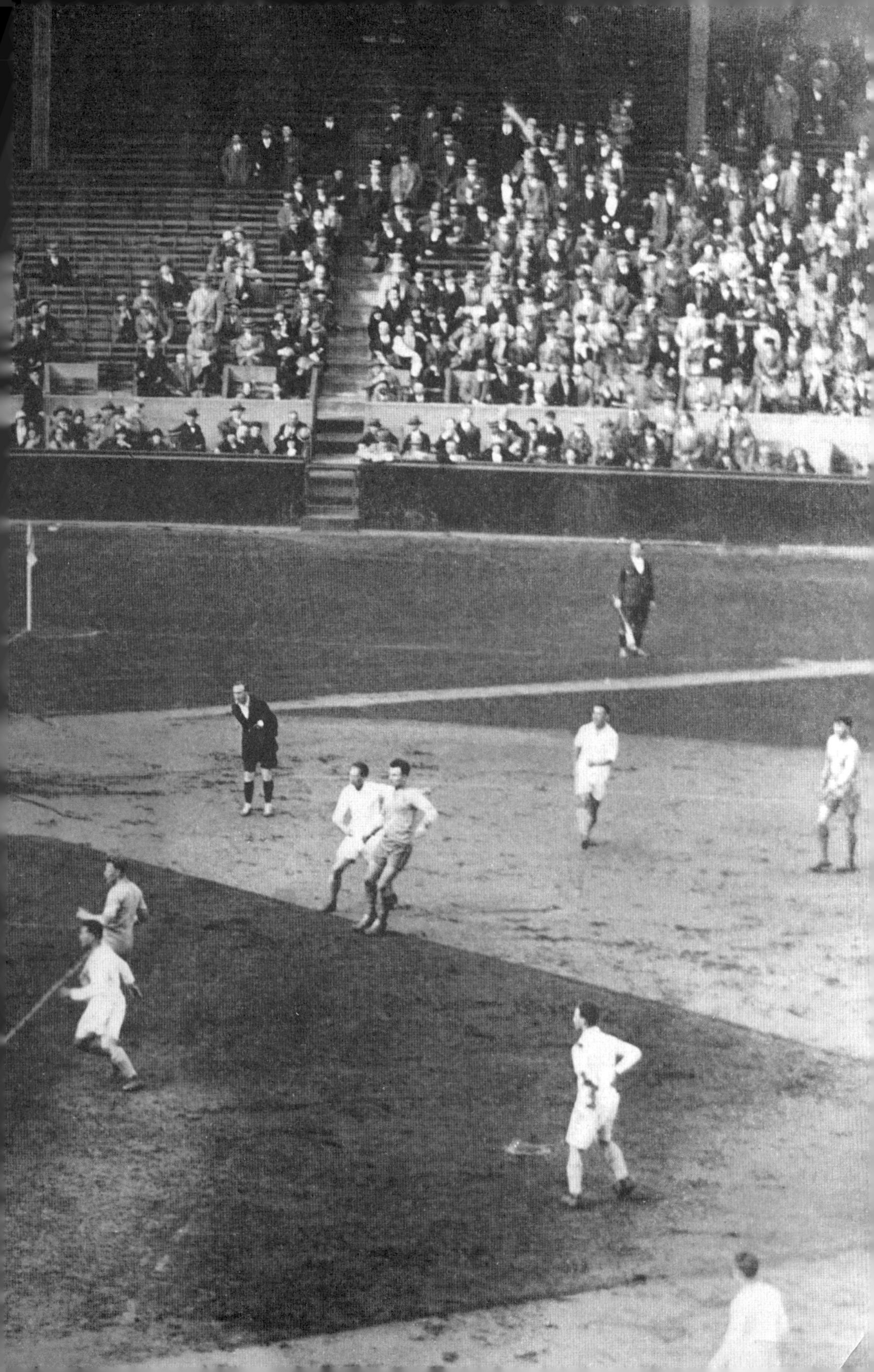

Dupla página anterior: cena de um jogo da liga profissional dos Estados Unidos: Hakoah All Stars New York contra um adversário desconhecido

Post-script do autor
Fevereiro de 2014

Há poucos momentos mais felizes na vida de um autor do que aquele em que descobre que aquilo que tinha concebido de maneira exata, com fantasia sociológica, é realmente verdadeiro. No aeroporto de Belo Horizonte, conheci em setembro de 2013 Renato Ribeiro Pompeu enquanto esperávamos que nos buscassem para o I Simpósio Internacional "Futebol, linguagem, artes, cultura e lazer". Renato, com a respiração pesada, deu-me de presente seu livro *A saída do primeiro tempo*, com o comentário de que não teria vendido bem; é que "os jogadores não entendem nada de filosofia, e os filósofos, nada de futebol". Apesar de o meu português ser muito precário, entendi de pronto, e li o maravilhoso livro com deleite no voo de volta à Alemanha. O velho senhor me perguntou — no poeirento e barulhento canteiro de obras do aeroporto, onde se trabalhava a toque de caixa para a Copa do Mundo de 2014 — o que é que eu tinha publicado sobre futebol. Eu disse que tinha escrito um livro sobre Béla Guttmann. "Ah, eu estava lá quando ele veio a São Paulo em 1956. Foi ele quem nos ensinou o 4-2-4, com o qual ganhamos a Copa de 1958. Ao lado de Pelé, Guttmann foi para mim uma das pessoas mais importantes do futebol." Nos poucos dias em que convivemos em Belo Horizonte, ficamos rapidamente amigos... Mais alguns e-mails (Renato entendia alemão e se empenhou pela publicação do livro de Guttmann no Brasil), e infelizmente ele faleceu em 9 de fevereiro de 2014.

Cinco dias antes, chegara a mim um e-mail da Hungria, de cujo teor de verdade em nada duvido. Cito sem corrigi-lo:

Caro senhor Claussen,

Sua suposição de que Béla Guttmann tenha ficado em Budapeste durante a Segunda Guerra Mundial está correta. Segundo histórias, de meu pai, Paul Moldován(nyi) Béla foi escondido por ele e seus irmãos com a ajuda de amigos (grupo contrário à Cruz Flechada) em Újpest IV. Região, Megyer, Obuda, o maior tempo no salão-de-barbeiro do meu pai, dessa constelação veio Béla, junto com minha tia Mariann (Marian Moldován)(nyi), Béla Guttmann casou-se com ela depois da Guerra.

Espero ter contribuído para fechar da biografia algumas lacunas. Mui respeitosamente, Paul Moldovànyi.

Foi exatamente assim que aconteceu, acho eu.

Cronologia

1899	Nasce em Budapeste Béla Guttmann, filho dos professores de dança Abraham e Eszter Guttmann.
1917	Estreia no Campeonato Húngaro com o clube Törekvés.
1919–1921	Anos de aprendizado como jogador no MTK Budapest.
1922	Muda-se para o Hakoah de Viena.
1923	Faz turnês na Grã-Bretanha, no Egito e na Palestina.
1924	Joga nas Olimpíadas de Paris na seleção da Hungria.
1925	O Hakoah de Viena é campeão austríaco.
1926	Faz turnê nos Estados Unidos. Guttmann muda-se para o New York Giants.
1926/28	Guttmann joga pelo New York Giants.
1928	Depois do colapso da American Soccer League, Guttmann organiza um time nova-iorquino do Hakoah.
1929	Vence a Eastern Soccer League e a National Challenge Cup.
1930	Faz turnê com o Hakoah All Stars pela América do Sul.
1930/32	Guttmann joga em vários clubes de Nova York.
1932	No outono, Guttmann encerra sua carreira de jogador nos Estados Unidos e retorna à Europa.
1933/34	Atua como treinador no Hakoah de Viena.
1935/37	Por intermédio de Hugo Meisl, Guttmann alcança seu primeiro emprego como treinador no clube holandês Twente Enschede.

1938	Guttmann, novamente morando na Áustria, foge para Budapeste depois da anexação do país pela Alemanha nazista. A Hungria perde para a Itália na final da Copa do Mundo de 1938.
1939	Guttmann é treinador do Újpest Dósza. Ganha o Campeonato Húngaro e a Mitropacup, em cuja semifinal elimina a Inter de Milão. Vitória na final sobre o rival local Ferencváros.
1939–1945	Guttmann desaparece. Até hoje não se sabe com certeza onde sobreviveu durante os anos da Segunda Guerra Mundial. Aparentemente casa-se com sua mulher Marianne em 1942, porém em local desconhecido.
1945	Treinador do Vasas Budapest.
1945/47	Treinador do Ciocanul Bukarest.
1947	Novamente treinador do Újpest Dosza. Em cooperação com Gustav Sebes, treinador da seleção húngara, e com o treinador do MTK, Márton Bukovi, cria-se o "Milagre húngaro" do final da década de 1940 e do início da de 1950 com o *Aranycsapat*, o "Time de ouro" da seleção húngara em torno de Hidegkuti, Boszik e Puskás.
1947	Depois de um conflito com a diretoria do clube, Guttmann se demite e vai para o pequeno clube Kispest. Entre seus jogadores de lá estão Puskás e Boszik, que, posteriormente, se tornariam grandes estrelas.
1948	Pouco antes do final da temporada, Guttmann se demite depois de um conflito com Puskás e com a diretoria do clube.
1949	Guttmann deixa a Hungria e vai para a Itália. Contratado pelo Padova Calcio, um time quase sem condições de jogar a primeira divisão, mas que Guttmann leva até o topo da tabela. Depois de intrigas por parte da diretoria e da imprensa, e de insucessos em campo, acaba finalmente demitido.
1950/51	Treinador no US Triestina, que salva do rebaixamento. Apesar disso, é demitido antes do final da temporada "por não ter sorte".
1952	Treinador no Apoel Nikosia do Chipre.
1953	Guttmann viaja à Argentina e treina por quatro partidas o clube local da segunda divisão, Quilmes. Depois de retornar à Europa, assina um contrato como treinador do AC Milan. Entre seus jogadores estão os suecos Gunnar Nordahl e Niels Liedholm, bem como Juan Schiaffino da seleção uruguaia campeã do mundo de 1950.

1954	A Alemanha ganha a Copa do Mundo em Berna com o placar de 3 a 2 contra a Hungria.
1955	Apesar de o AC Milan estar no topo da tabela, Guttmann é demitido após intrigas causadas por jogadores reservas insatisfeitos e por seu predecessor. A equipe é campeã e agradece o trabalho de Guttmann com uma carta de despedida escrita à mão.
1956	A equipe do Honvéd Budapest — com as estrelas Puskás, Czibor, Kocsis, Lorant, entre outros —, depois de uma partida como visitante na Liga dos Campeões, disputada em Bilbao, não retorna para a Hungria, onde a então URSS massacrara o levante. Em vez disso, o time aceita o convite para uma turnê na América Latina. Por iniciativa de Ferenc Puskás, o antigo treinador Guttmann assume os cuidados do time no exílio.
1957	Guttmann treina o São Paulo FC e ali dita o estilo do futebol brasileiro na temporada seguinte. Com base na sua experiência com os jogadores húngaros do final da década de 1950, surge o sistema 4-2-4, com o qual o Brasil seria campeão do mundo em 1958, na Suécia.
1958	Depois que sua contratação como treinador da seleção nacional austríaca fracassa, Guttmann vai para o Porto FC, com o qual ganha, de imediato, o Campeonato Português em 1959 contra o Benfica.
1959	Guttmann treina o Benfica.
1960	O Benfica vence o Campeonato Português.
1961	Em 31 de maio, o Benfica vence a final da Liga dos Campeões contra o Barcelona por 3 a 2.
1962	Em 2 de maio, o Benfica vence o pentacampeão Real Madrid na final da Liga dos Campeões pelo placar de 5 a 3. Guttmann se demite e passa a treinar o Peñarol de Montevidéu. Falha na tentativa de ganhar a Libertadores contra o Santos de Pelé.
1963	O Peñarol fracassa outra vez na Libertadores, dessa vez contra o Boca Juniors, de Buenos Aires. Guttmann se demite e retorna a Viena.
1964	Guttmann é o treinador da seleção nacional austríaca; contudo, demite-se depois de campanhas de imprensa e por falta de apoio da Federação Austríaca de Futebol.

1965/66	Retorna ao Benfica com o objetivo declarado de ganhar pela terceira vez a Liga dos Campeões. Na semifinal contra o Manchester United, o Benfica perde o jogo em casa por 5 a 1. Quando tanto o Campeonato Português quanto a Copa de Portugal são perdidos, Guttmann é demitido.
1966	A seleção de Portugal, com os alunos de Guttmann, Eusébio, Coluna e Águas, conquista o terceiro lugar na Copa do Mundo disputada na Inglaterra.
1967	Guttmann falha como treinador no Servette, de Genebra, e no Panathinaikos, de Atenas.
1973	São malsucedidas as tentativas de contratação do treinador pelo Austria de Viena e pelo Porto FC. Guttmann declara encerrada sua carreira como treinador.
1981	Béla Guttmann falece em Viena e é sepultado na parte judaica do Cemitério Central de Viena.

Créditos das imagens

- Imagem de capa; p. 26/27; p. 106/107; p. 156; p. 163; p. 174/175: Picture-Alliance/DPA.
- Página de rosto; p. 13; p. 16; p. 47; p. 98/99; p. 108; p. 124/125; p. 134/135; p. 164/165: espólio de Béla Guttmann, a/c Agon, Kassel (Alemanha).
- p. 22: J. Csaknády, em *The Béla Guttmann Story*.
- p. 150: K. Mrazek, em *Fussball Europapokal Sternstunden*.

Dupla página seguinte: Guttmann, num treino, em uma de suas passagens pelo futebol português

VINHOS DO PORTO

ESTE LIVRO FOI COMPOSTO EM ADOBE CASLON PRO
12 POR 16 E IMPRESSO SOBRE PAPEL PÓLEN BOLD 90 g/m^2
NAS OFICINAS DA ASSAHI GRÁFICA, SÃO BERNARDO DO
CAMPO - SP, EM MAIO DE 2014